KB268031

좋은 아이를 넘어
위대한 아이로
키워라

좋은 아이를 넘어 위대한 아이로 키워라

초판 1쇄 인쇄 2013년 05월 09일
초판 1쇄 발행 2013년 05월 16일

지은이   김 용 언
펴낸이   손 형 국
펴낸곳   (주)북랩
출판등록 2004. 12. 1(제2012-000051호)
주소   153-786 서울시 금천구 가산디지털 1로 168,
        우림라이온스밸리 B동 B113, 114호
홈페이지 www.book.co.kr
전화번호 (02)2026-5777
팩스   (02)2026-5747

ISBN 978-89-98666-76-7 03370

이 도서의 국립중앙도서관 출판시도서목록(CIP)은 서지정보유통지원시스템 홈페이지
(http://seoji.nl.go.kr)와
국가자료공동목록시스템(http://www.nl.go.kr/kolisnet)에서 이용하실 수 있습니다.
(CIP제어번호 : 2013006036)

좋은 아이를 **넘어**
위대한 아이로
키워라

김 용 언 지 음

book Lab

머리말

질풍노도(疾風怒濤)! 어찌 보면 무서운 말이 아닐 수 없다. 여기에는 논리도 없고 이성도 없다. 자연의 본성대로 돌진하며 가로막는 것은 모조리 넘어뜨리고 거슬리는 것은 모두를 전복시키고 만다. 사춘기를 질풍노도에 비유한 것은 참으로 적절한 듯싶다. 청소년들을 보면 거세게 불어 닥치는 바람과 무섭게 소용돌이치는 큰 물결과도 같아 보이기 때문이다.

이 시기의 아이들은 결코 옳고 그름에 연연하지 않는다. 오로지 내가 믿고 있는 것이 진리이고 내가 세상에서 제일 잘났다고 생각하기 때문이다. 그야말로 질풍노도와 같다고 할 수 있다. 그러나 이들에게도 약점이 한 가지 있는데 그것은 모두에게 인정받고 싶은 욕구가 강해지는 시기이기 때문에 무엇이든지 흡수해 버리는 스펀지와 같다는 것이다. 환경이 사람에게 미치는 영향을 강조할 때 가장 중요하게 지적하는 부분이 바로 이것이다.

남에게 인정받고자 하는 욕구가 강해지는 청소년기에 주변에 누가 있느냐에 따라 행동양식이 결정된다는 것이다. 자신과 친하게 지내는 청소년들이 모두 예술에 심취해 있다면 그 아이도 감성이 풍부한 청소년기를 보내겠지만 사춘기에 주변의 친구들이 질이 좋지 않은 아이들이라면 반항심 가득하고 세상에 불만을 갖고 자랄 것이다. 어느 정도 세상 경험을 쌓아 나름대로의 가치관을 확립한 어른이라면 주변 환경에 영향은 받더라도 그것에 휘둘리지는 않겠지만 제대로 된 방어막을 갖지 못한 채 맨몸으로 세상을 그대로 받아내는 청소년에게 있어서 환경이란 절대적으로 중요한 요소이다.

만약에 사춘기를 현명하게 보내도록 돕고자 한다면 인정받고 싶은 욕구를 느끼는 대상을 또래 친구로 두기보다는 연령대가 높고 지혜로운 사람으로 전환시켜주는 것이 필요하다. 그중 가장 이상적인 모델은 부모가 자식의 영웅이 되는 것이지만 실상 여러 이유로 어려운 것이 사실이다. 지금 아이들은 자기 주변을 둘러싸고 있는 친구가 세상의 전부이고 거기까지가 경계선이며 그 안에서 겪는 경험이 인생의 전부이고 그 외의 것은 전혀 눈에 들어오질 않기 때문이다.

사람들은 자신이 속한 곳에서 배우고 또 그 배운 것을 그대로 적용하며 살아가기 때문에 아이들이 더 많은 경험을 하고 큰 이상을 품고 사는 사람들과 만나고 교감하다보면 자연스레 아이의 시선이 또래들보다 높아지게 되고 자연스레 어리석은 행동에 동참하는 것을 중지하게 될 것이다. 그리고 이렇게 내 아이를 어디까지 지도할 수 있느냐 하는 것은 전적으로 부모의 특별한 관심과 능력에 달려 있다.

부모가 인격적으로 미숙한 상태에서는 아이를 바른 길로 인도할 수 없다. 오히려 아이가 내뱉는 자극적인 말에 흥분하여 자식과 싸우는 경우가 생길 수도 있다. 아이가 담배를 피운다면 오로지 담배피우는 그 행동에 초점을 맞추고 피우지 못하도록 하기 위해 강압적이고 물리적인 조치를 취하기보다는 좀 더 다각적이고 커다랗고 따뜻하게 아이를 살피고 감싸 주는 것이 좋지 않을까 생각한다. 또 아이의 반항적인 태도에 버릇이 없다는 이유로 아이를 가르치려고 달려들게 되면 오히려 더 탈선할 가능성이 높다.

10대의 특징을 보면 에너지는 넘치는데 정리가 되어 있지 않다. 넘치는 에너지를 스스로 컨트롤할 수 있는 능력이 없다는 데 문제가 있다. 에너지는 넘치지만 부모님이나 선생님이 원하는 데까지는 미치지 못한다. 부모님들은 대체로 우리 아이가 삶에 대한 의욕이 전혀 없는 식의 말을 할 때가 많이 있다고들 말한다. 그러나 실제로 아이들은 그렇지 않다. 오히려 의욕은 있지만 어디에 쏟을지 모르고 있을 뿐이다. 그리고 주장은 있는데 논리가 없다. 청소년들도 자신 나름의 주장이 있다.

그런데 가끔 말도 안 되는 타이밍에 자신의 주장을 펼치기도 한다. 부모님과의 대화중에 자신의 감정을 이미 뱉었기 때문에 후회하더라도 막 나갈 때도 있다. 아이들은 자신의 잘못을 인정하기보다는 거짓말을 하거나 혹은 감정을 조절하면서 논리적으로 표현하는 것을 무척이나 어려워한다. 그러나 이렇게 감정 조절이 너무나도 서툰 아이들도 이러한 비논리적이고 불규칙적인 과정을 겪으면서 어른이 되어간다.

요즘 청소년들을 보면 가슴이 답답해지는 것을 느낀다. 이들이 대체적으로 겪는 문제들을 보면 가장 큰 어려움이 바로 공부이다. 입시에 대한 두려움이 있고 다음으로는 자신의 외모에 대한 고민도 크고 자존감의 문제도 있다. 자신이 친구들에게 인기가 없다고 생각하는 것에 대한 외로움, 친구 관계의 문제, 부모님과 선생님 관계 속에서 겪는 갈등, 또 선을 넘어선 이성의 문제, 학교폭력, 왕따, 자살충동, 게임중독 등이다.

이런 엄청난 삶의 압력에 짓눌리면서 아이들이 성장해 가는데 그러나 중요한 것은 아이들 모두가 겪는 압력은 환경에 따라 그 정도는 조금씩 다르겠지만 그 압력을 끝까지 견디느냐 그렇지 못하느냐에 따라서 아이들의 인생이 완전히 달라진다는 사실이다. 짓누르는 삶의 엄청난 압력을 제대로 견디지 못하게 되면 나중에 땔감으로 쓰이게 될 석탄이 되지만 그러나 그 압력을 끝까지 견디게 되면 그야말로 아름다운 다이아몬드가 될 수 있는 것이다.

삶의 여러 가지 문제들을 겪으면서 성장하는 우리 아이들을 보고 있노라면 도종환 시인이 쓴 「흔들리지 않고 피는 꽃은 없다」는 시가 10대들을 표현하는 데 가장 적절한 시가 아닌가 하고 생각해본다.

흔들리며 피는 꽃

흔들리지 않고 피는 꽃이 어디 있으랴
이 세상 그 어떤 아름다운 꽃들도
다 흔들리며 피었나니
흔들리면서 줄기를 곧게 세웠나니
흔들리지 않고 가는 사랑이 어디 있으랴

젖지 않고 피는 꽃이 어디 있으랴
이 세상 그 어떤 빛나는 꽃들도
다 젖으며 젖으며 피었나니
바람과 비에 젖으며 꽃잎 따뜻하게 피웠나니
젖지 않고 가는 삶이 어디 있으랴

흔들리지 않고 피는 꽃은 없다. 바람과 비에 젖는 것도 역시 꽃이다. 지금 현재 우리 아이들은 젖고 흔들리고 엉망이다. 그러나 흔들린다고 그냥 놔두면 절대로 안 된다. 굳게 뿌리 내리도록 우리 아이들을 도와주어야 한다. 이렇게 시련의 바람과 고통의 눈물에 흔들리고 젖으면서 나중에는 아름다운 꽃으로 피어나는 것을 보게 된다.

이렇게 아름다운 꽃으로 피어날 그리고 아름다운 열매를 맺게 될 아이들의 미래의 모습을 보면서 속이 문드러져도 참고 또 참고 인내하면서 아이들을 올곧게 키워야 할 책임이 바로 이 땅에 어른들에게 있지 않은가? 지금이야말로 우리 어른들이 자라나는 다음 세대의 아이들에게 무엇을 물려주어야 할 것인지를 몸서리치게 고민해야 할 때가 아니겠는가?

개신교 영성의 대가 유진 피터슨이 다음과 같이 말했다.

청소년기는 자기 자신이 되어가는 시기이다.

유년기에 경험하고 훈련받은 것들은 청소년기에 이르러 재형성되고 개별화됨으로써 한 개인의 정체성을 이루게 된다.

청소년들은 거의 모든 시간을 자신이 누구인지를 발견하는 데 보낸다.

그렇기 때문에 그렇게 오랜 시간을 거울 앞에서 보내는지도 모른다.

자기 자신을 정의하는 과정은 밤낮을 가리지 않고 계속된다.

그것은 다루기 힘든 고통으로 가득 찬 과정이다.

　그러므로 우리는 아이들이 겪고 있는 청소년기를 해결해야 할 문제로 축소해서는 안 된다.

　건강한 성장의 과정으로 바라보며 희망을 품고 기다리고 또 기다려주어야 한다.

　이 땅의 청소년들을 향한 희망, 우리 모두가 함께 만들어 가자!

목차

노블레스 오블리주(Noblesse Oblige) 정신을 가진 자로 키워라

세상을 움직여 가는 동력이 무엇일까? 어떤 힘으로 세상은 발전해갈까? 그리고 세상을 아름답게 하는 것이 무엇일까? 그것은 노블레스 오블리주(Noblesse Oblige)의 정신이다. 요즘 우리 아이들을 보면 도무지 배려할 줄 모르고, 희생할 줄도 모르고, 섬김이나 헌신할 줄 모르는 그런 모습들이다. 오로지 자신밖에 모르는 자기중심적인 아이들, 철저하게 이기적인 아이들, 이런 아이들이 움직여 가는 세상을 한 번 생각해보라. 얼마나 무미건조하며 삭막하겠는가?

더욱이 현대사회는 극단적인 이기주의, 자기중심적인 개인주의를 넘어 오로지 힘 있는 자만이 살아남는 세상이라고 외치는 지경에 이르러 나보다 남을 먼저 배려하고 나라와 민족, 세계를 먼저 생각하라는 교육은 이제는 흘러간 고리타분한 얘기가 된 듯싶다. 특히 자라나는 우리 아이들에게는 더더욱 남의 일로 여겨질 터이다. 이미 초등학교 때부터 일류대학에 가기 위해 치열하게 경쟁을 하면서 부모들의 과잉보호와 과잉애정으로 철저하게 자기밖에 모르는 아이들에게 공동체성과 보편성을 교육하기란 정말 어려운 일이다.

하지만 이러한 환경 속에서 우리의 아이들이 계속 성장해서 나라와 민족을 이끌어간다고 생각하면 현기증이 날 지경이다. 이런 환경 속에서 자란 아이들은 나라가 위기에 처했을 때 아무도 조국과 민족을 위해 어느 누구도 기꺼이 목숨을 바치려하지 않을 것이다. 이러한 사태를 막고 철저히 나보다 먼저 '너' 그리고 '우리'를 생각할 줄 아는 아이들로 키워야 할 것이다. 더 나아가 조국 대한민국을 사랑하는 정신을 가진 애국의 인재들을 양성하기 위해서 아이들에게 학교에서, 가정에서 나라사랑 교육을 철저하게 하는 것이 옳을 것이다.

미국은 오래전부터 나라사랑 관련교육을 학교 정규과목으로 가르쳐 어릴 때부터 나라사랑 정신이 생활 속에 깃들게 하고 있다. 이러한 교육환경 속에서 자란 아이들은 자신의 나라가 위기에 처했을 때 거침없이 애국심을 발휘하는 것이다. 이는 제2차 세계대전, 6·25전쟁, 월남전 등에서 전사한 수많은 미국의 젊은이들을 통해 알 수 있다. 또한 이것이 다양한 민족들로 구성된 짧은 역사의 미국이 강대국의 위치에 자리하고 있는 원동력임은 두말할 나위가 없다.

이제는 전쟁이 일어나야만, IMF 같은 위기가 닥쳐야만 또는 해외에 나가서야만 그리고 올림픽이나 월드컵 때만 나라의 소중함을 느끼고 애국심이 우러나오는 것이 아니라 평소 일상 속에서 울컥하는 감동으로 느껴질 수 있도록, 그리고 조국 대한민국을 사랑하는 마음을 가질 수 있도록 일상생활 교육으로 확대해야 할 때이다. 나라사랑 교육이 현재 어느 정도 궤도에 올랐다고는 하지만 한계가 있고 여전히 재정적, 행정적, 법제적인 면에서 부족함이 많이 있지만 그럼에도 자라나는 아이들에게 나라의 소중함과 민족의 자긍심, 더불어 함께하는 사회의 중요성을 가르쳐야 할 것이다. 즉 노블레스 오블리주의 정신을 어렸을 때부터 교육해야 한다는 말이다.

노블레스 오블리주(Noblesse Oblige)

'노블레스 오블리주(Noblesse Oblige)'는 "높은 신분에 상응하는 도덕적 의무"를 의미하는 말이다. 로댕의 조각 작품인 〈칼레의 시민(The Burghers of Calais)〉은 불후의 명작이기도 하고 이 작품에 숨은 노블레스 오블리주(Noblesse Oblige)의 숭고한 정신에는 절로 고개가 숙여진다. 어떻게 하던 자기 아들만은 군대에 보내지 않으려 하는 한국의 일부 정치인들과는 너무도 거리가 먼 이야기가 아닌가 싶다.

원래 '노블레스'는 '닭의 벼슬'을 의미하고, '오블리주'는 '달걀의 노른자'라는 뜻이다. 이 두 단어를 합성해서 만든 노블레스 오블리주는 닭의 사명이 자기의 벼슬을 자랑함에 있지 않고 알을 낳는 데 있다는 것을 말해 주고 있다. 프랑스 노르망디 해안을 따라 올라가면 칼레(Calais)라는 작은 항구도시가 있는데 인구 12만 명인 이 항구는 영국의 도버해협과 불과 20마일 밖에 떨어져 있지 않고 영국과 프랑스 파리의 중간이기도 하다. 작은 도시인 칼레는 세계적인 미술품을 하나 가지고 있다.

그것은 칼레시청에 전시되어 있는 로댕의 〈칼레의 시민〉으로 6

명이 목에 밧줄을 감고 고통스런 표정으로 걸어가고 있는 조각품
이다. 이 조각은 단순한 조각이 아니라 칼레 시민의 명예이며 프
랑스의 긍지이기도 하다. 귀족의 의무를 뜻하는 노블레스 오블
리주라는 단어의 상징이 바로 이 로댕의 칼레의 시민이기 때문이
다. 〈칼레의 시민〉에 얽힌 이야기는 다음과 같다.

프랑스와 영국의 백년전쟁 때 칼레 시는 끝까지 영국에 저항하
다 구원군이 오지 않아 1347년 끝내 항복하게 된다. 영국 왕 에
드워드 3세는 누군가는 그 저항에 책임을 져야한다며 6명의 칼레
시민이 목에 밧줄을 매고 영국군 진영으로 걸어와 처형당할 것
을 요구했다. 이때 칼레에서 제일 가는 부자였던 외스타슈드 생
피에르가 선뜻 나섰다.

그러자 시장인 장데르가 나섰고, 다음에는 부자 상인인 피에르
드 위쌍이 나섰다. 게다가 피에르 드 위쌍의 아들마저 아버지의
위대한 정신을 따르겠다며 나서는 바람에 이에 감격한 시민 3명
이 또 나타나 영국 측이 요구한 것보다 1명이 더 많은 7명이 되었
다. 외스타슈드는 제비를 뽑으면 인간인 이상 행운을 바라기 때
문에 내일 아침 처형장에 제일 늦게 나오는 사람을 빼자고 제의
했다. 다음날 아침! 6명이 처형장에 모였을 때 외스타슈드가 모습
을 나타내지 않았다. 이상하게 생각한 시민들이 그의 집으로 달
려갔을 때 외스타슈드는 이미 자살한 상태였다.

처형을 자원한 7명 가운데 한 사람이라도 살아남으면 순교자들의 사기가 떨어질 것을 우려하여 자신이 먼저 죽음을 택한 것이다. 이에 영국 왕비가 크게 감동하여 에드워드 3세에게 칼레 시민에게 자비를 베풀 것을 애원했다. 당시 왕비는 임신 중이었기 때문에 왕은 왕비의 소원을 받아들여 처형을 취소했다. 그 후 칼레는 노블레스(귀족) 오블리주(의무)라는 단어의 상징으로 등장했으며 몇 백 년이 지난 후 칼레 시의 요청으로 로댕이 10년의 작업 끝에 〈칼레의 시민〉을 만들어낸 것이다.

노블레스 오블리주는 이처럼 국방에서 비롯된 애국정신에 바탕을 두고 있다. 2차 대전 때 영국 엘리자베스 여왕이 수송부대 하사관으로 근무한 것이나, 영국 왕자들이 이라크 전쟁에서 일선에서 근무하는 등의 행동이 노블레스 오블리주의 전형이라고 볼 수 있다.

로마 제국이 1,000년을 버틸 수 있었던 비결도 바로 노블레스 오블리주 정신 때문이다. 당시 귀족들은 전쟁이 일어나면 자신은 물론 아들들을 대동해서 전쟁의 최전방에서 나라와 민족을 위해 싸웠다. 귀족들은 전쟁이 일어나면 나라에 사재를 헌납하고 솔선수범해서 전장에 나가 피를 흘리며 싸우는 것을 최고의 영광으로 여겼기 때문에 백성들이 그들을 존경할 수밖에 없었다. 특히 로마 귀족의 절제된 행동과 납세의 의무를 다하는 모범적 생활은 백성들에게 귀감이 되어 천년왕국을 지탱하는 초석이 된 것이다. 이러한 노블레스 오블리주 정신이 로마가 1,000년 동안 전성기(Pax-Romana)를 누릴 수 있게 했던 것이다.

이렇게 가진 자들과 지도층의 도덕적 의무와 책임감은 그 나라를 든든하게 세우는 기초가 된다. 영국과 아르헨티나의 전쟁 때 영국의 왕자 앤드류는 헬기 조종사로 전쟁에 참여하여 많은 사람을 대신하여 죽을 수 있다는 지도층의 책임감을 보여주었다.

윗물이 맑아야 아랫물이 맑다

그렇다면 우리나라는 어떤가? 사회 저명인사나 소위 상류계층의 병역기피, 뇌물수수, 탈세, 부동산 투기 등은 아주 오래된 병폐로 잔존하고 있다. 특히 조선 말 탐관오리들의 사리사욕으로 인해 지도자들로서 제대로 된 역할과 책임을 다하지 못하고 결국은 나라를 빼앗기고 36년 동안 일제강점기를 지내야만 했던 시절도 있지 않았던가? 그러나 반면 조선시대에는 조선 팔도에 소문이 난 경북 경주의 최 부자나 거상 김만덕과 같은 사람도 있다.

거상 김만덕은 사회적인 제약을 뛰어 넘어 조선 최고의 상인으로 매점매석이 횡행했던 조선 정조 당시 제주의 상풍토를 바로잡으면서 소매상인을 보호하고 제주 백성들에게 안정적으로 물품을 대주는 상업의 정도를 지켜간 여성이다. 조정에서도 손을 쓰지 못할 만큼 극심한 재앙이 제주를 덮쳤을 때 전 재산을 털어 쌀을 사서 식량난에 허덕이던 제주 사람들에게 나눠주었던 그의 노블레스 오블리주의 정신은 지금이야말로 우리 사회의 지도층 인사들이 배워야 할 정신이면서 행동양식이다.

양인의 신분으로 태어났으나 제주에 불어 닥친 재앙으로 말미

암아 졸지에 천애고아가 된 김만덕은 결국 관기가 되는데 어린 시절 포구에서 만난 도형을 마음에 품고 끝내 수절하며 거상의 꿈을 이루기 위해 돈을 한 푼, 한 푼 모으고 상도를 지켜나가는 상인으로 자리를 잡아 조선 최고의 상인이 되었다. 그리고 자신의 번 돈을 자신만을 위해 쓰는 것이 아니라 제 밥그릇 챙기는데 급급하지 않고 백성들에게 베푼 그의 모습은 오늘날에도 우리 사회에 소중한 교훈을 전해 주고 있다.

"윗물이 맑아야 아랫물이 맑다"는 속담처럼 사회 지도층이나 가진 자들이 가진 자로서의 마땅한 도리를 다해 주기를 바랄 뿐이다. 그러나 그런 기대는 이루어 내지 못하고 오히려 그 지도층이 구정물을 만들어 내어 우리 사회를 온통 진흙탕을 만들어 국민을 실망시키고 있는 것이 현실이다. 권력이 있는 사람과 재산이 많은 재력가들이 이제 자신의 생각을 바꾸어 나가야 할 때이며, 누가 자신들에게 권력을 주었으며 그 많은 재산을 모으는 데 누가 그 중심에 있었는지를 깊이 성찰해보면서 이제는 베풂과 나눔으로 백성을 위해 겸손하게 섬기면서 도덕적 의무를 다해야 옳을 것이다.

영국의 왕자 앤드류, 조선시대의 김만덕과 같이 지도층의 인사들이 사회적·국가적 의무를 다하는 새로운 문화를 형성해 나갈 때 우리나라가 선진국 대열에 들어설 수 있다는 사실을 유념해야 한다. 가진 자란 돈과 권력 지위 따위만을 가진 자를 의미하는 것은 아니다. 지식을 많이 가진 자나 다른 사람보다 창의적인 머리를 가졌거나 다른 이보다 더 건강한 육체를 가진 자라면 모두가 가진 자들이라고 할 수 있다.

내가 가진 것들이 무엇이 되었든지 간에 조금이라도 더 가진 것이 있다면 그들은 모두 가진 자들이다. 그리고 이런 가진 자들에게는 반드시 뒤따르는 도덕적 의무가 있다. 가진 자들로서 더 바르고 정직하게, 성실하게 최선을 다해 내가 가진 것을 남을 위해, 그리고 나라와 민족을 위해 환원해야 할 책임이 있다. 가진 자들이 정직하지 못하고 성실하지 못하다면 그 나라는 부패해질 수밖에 없고 결국은 나라가 망하게 된다.

백성의 고통과 아픔을 함께 나눌 줄 아는 마음

지금 우리나라는 이런 노블레스 오블리주의 정신을 가진 지도자를 간절히 원하고 있다. 백성들의 고통과 아픔을 함께 나눌 줄 아는 지도자를 갈망하고 있다. 우리 아이들을 10년 20년 후에 세상 가운데 선한 영향력을 끼치는 훌륭한 사람, 위대한 지도자로 키우려면 어렸을 때부터 남을 먼저 생각할 줄 아는 마음, 그리고 남의 아픔과 고통을 함께 나눌 줄 아는 마음, 남에게 대접을 받고자 하는 것이 아니라 남을 먼저 대접하고, 늘 상대방의 입장에서 생각하고 공동체를 섬길 줄 아는 마음을 갖도록 교육해야 한다. 어렸을 때부터 자원봉사의 기회를 많이 주는 것도 훌륭한 교육의 좋은 예라고 볼 수 있다. 남의 아픔과 고통을 보면서도 돕고자 하는 마음이 전혀 없고, 철저하게 자신만을 생각하는 이기적인 마음을 가진 자라면 아무짝에도 쓸모없는 인간이 되고 말 것이다. 누가 그런 사람을 지도자로 인정해 주겠는가?

지금 우리가 살고 있는 이 시대는 바로 나보다 먼저 남을 생각하고 섬길 줄 아는 그런 지도자를 간절히 원하고 있다. 우리나라 대통령도 이런 지도자였으면 좋겠다. 정말 욕심 없이 조국 대한민국을 진심으로 사랑할 줄 아는 대통령, 백성들의 눈물을 닦아 줄 수 있는 대통령, 백성들의 고통과 아픔을 함께 나눌 줄 아는 대통령, 그래서 그가 이룬 모든 업적을 백성들의 몫으로 돌릴 줄 아는 겸손한 대통령이 이 조국 대한민국에도 있으면 얼마나 좋을까? 영화 속에 등장하고 있는 광해처럼 말이다.

2012년에 개봉한 추창민 감독의 〈광해, 왕이 된 남자〉는 권력을 가진 한 나라의 대통령이라면 어떤 마음으로 나라를 다스리고 백성들을 섬겨야 하는지를 보여주고 있는 좋은 영화이자 우리 아이들이 한 번쯤은 꼭 봐야 할 영화이다.

광해군이 왕이 된 지 15년째 되던 해, 15일의 기록이 사라져 버렸다. 사라진 15일 동안 어떤 일들이 있었기에 역사는 그 기록을 삭제해야만 했을까? 〈광해, 왕이 된 남자〉는 이 의문을 가지고 상상력을 펼쳐 만들어졌는데, 그 내용이 픽션이든 논픽션이든 너무나 감동적이고 유머러스하면서 아주 잘 만들어진 영화이다.

광해군 하면 어떤 왕으로 기억하고 있는가? 폭군으로만 기억하고 있는가? 그러나 지금 현대사에 있어서 광해군은 새롭게 재평가를 받고 있다. 조선 왕들이 총 27명인데 '조(祖)'로 끝나는 왕이 있고 '종(宗)'으로 끝나는 왕이 있고 '군(君)'으로 끝나는 왕이 있다. 묘호는 왕이 죽으면 신하들이 왕의 업적과 백성들에게 끼친 덕을 생각하면서 어떤 왕에게는 '조'를 붙여주고, 어떤 왕에게는 '종'을 붙여서 종묘에 위패를 모시게 된다.

'조'는 나라를 세우거나 그에 버금가는 업적을 남긴 왕 또는 나라의 큰 위기를 겪은 왕에게 붙인다. 예를 들어 태조 이성계(나라를 세움), 선조(임진왜란을 겪음), 인조(병자호란을 겪음)가 있다. '종'은 앞선 왕의 뒤를 이어 문화적 업적을 남기거나 백성을 잘 다스린 왕에게 붙인다. 조선의 대부분 왕은 이 종이 붙었다. '군'은 나라를 제대로 다스리지 못해 왕의 자리에서 쫓겨난 왕에게 붙인다. 그리고 '군'으로 끝나는 왕은 종묘에 들어갈 수 없다. 군으로 끝나는 왕은 백성들에게 덕을 많이 끼치지 못한 폐위된 왕에게 붙여진 이름인 것이다. 바로 그 왕들이 연산군과 광해군이다.

그런 의미에서 우리는 연산군이나 광해군을 폭군으로 기억하고 있다. 그러나 광해군은 요즘에 들어서는 역사적으로 긍정적인 재평가를 받고 있는 왕이다. 이면에 숨겨진 그의 정치적 능력을 보면 어느 왕보다 외교정책에 탁월한 능력을 가지고 있었을 뿐만 아니라 내정도 잘 다스린 왕으로 생각되고 있기 때문이다.

얼마 전 18대 새로운 대통령이 선출되었는데 〈광해, 왕이 된 남자〉는 대통령으로서 백성들이 어떤 왕을 간절히 원하고 있는지를 보여주는 좋은 영화라고 볼 수 있다. 영화를 보면 광대였던 하선이라는 인물이 광해군의 역할을 한다. 잠깐이었지만 하선의 광해군 역할 속에는 지금 우리가 원하는 리더십과 미래의 대통령에 대한 기대감이 그대로 표출된다.

광대 출신의 하선은 왕의 역할을 맡게 되면서 매 끼니마다 올라오는 진수성찬에 감탄과 환호를 연발한다. 하선은 수라간에서 만들어진 음식은 오직 왕을 위한 음식일 뿐 그 음식을 만든 나인들은 왕이 먹다 남긴 음식을 나눠 먹는다는 사실을 전혀 몰랐기 때문에 음식을 모조리 다 먹어치운다. 나중에야 그는 왕이 먹다 남긴 음식을 나인들이 먹는다는 사실을 알고 팥죽 한 그릇으로 만족해한다.

이렇듯 미래의 대통령은 가난하고 약한 백성들의 고통과 아픔을 공감하며 그들 편에 설 줄 아는 리더, 그리고 그들에게 내가 가지고 있는 것을 함께 나눌 줄 알아야 한다. 또한 미래의 대통령은 불의에 타협하지 않는 리더십을 가지고 있어야 한다. 붕당정치의 논리에 놀아나지 않고 정파의 논리에 휘둘리지도 않고 옳은 일이라고 생각하면 주저하지 않고 실천에 옮기는 그런 지도자의 모습, 광해군이 대동법을 실행에 옮기는 것이 바로 그 대표적인 모습이다. 대동법! 오늘날로 치자면 돈을 많이 번 사람이 세금도 많이 내고 적게 번 사람은 세금을 적게 내는 제도로 지극히 합리적인 제도라고 볼 수 있다. 그리고 명나라의 유익을 위해서 백성을 희생시키는 것은 결코 옳지 않은 일이었다. 이것이 "좋으냐, 싫으냐"의 문제가 아니라, 조정 신료들의 눈치를 보는 것이 아니라

이 일이 백성들을 위해 "옳으냐, 그르냐"의 문제로 판단하는 리더십, 지금 이 시대는 이런 리더십을 가진 지도자를 원하고 있다.

그리고 미래의 대통령은 인간미 넘치는 정이 많은 사람이어야 한다. 영화에서 왕에게 칼을 내밀었던 도부쟁이가 후에 실신해서 누워 있을 때 팥죽 한 그릇으로 위로해 주고 중전과 처음 했던 사랑의 약속을 지켜주는 인간미 넘치는 장면들을 기억해보자.

〈광해, 왕이 된 남자〉는 이렇듯 군데군데 감동을 주면서 눈시울을 적시게 만들었던 좋은 영화이다.

마땅히 권력을 가진 자로서 백성들을 자신의 생명과 같이 여길 줄 아는 지도자, 지도자로서 백성들의 아픔을 자신의 아픔으로 여길 줄 아는 지도자, 자신이 가진 것을 아낌없이 그들을 위해 쓸 줄 아는 지도자. 우리 아이들을 이런 지도자들로 키워야 되지 않겠는가?

정말 우리 아이들을 이 나라의 성공하는 지도자로 키우고 싶다면, 이렇게 백성들을 무서워할 줄 알고 백성들의 고통과 아픔을 함께 나눌 줄 아는 지도자, 바른 가치관을 가지고 무엇보다도 성실과 섬김의 덕목을 갖춘 노블레스 오블리주의 정신을 가진 사람으로 키워야 하며 그러기 위해서는 어렸을 때부터 나보다 먼저 남을 생각할 줄 아는 섬김과 배려, 희생, 헌신의 덕목이 몸에 배이도록 훈련해야 할 것이다.

사불삼거(四不三拒)

　조선 관리들의 청빈의 정신을 담고 있는 불문율과 같은 사불삼거(四不三拒)는 "4가지를 해서는 안 되고, 3가지는 거절해야 한다"는 말이다. 청렴을 덕목으로 삼았던 조선 관료들이 재임 중에 절대로 하지 말아야 할 네 가지와 반드시 거절해야 할 세 가지를 함축하고 있는 말이다.

　사불(四不)은 절대로 하지 말아야 할 네 가지이다.

첫째, 부업을 하지 않을 것
둘째, 땅을 사지 않을 것
셋째, 집을 늘리지 않을 것
넷째, 재임지의 명산물을 먹지 않을 것

삼거(三拒)는 꼭 거절해야 할 세 가지이다.

첫째, 윗사람의 부당한 요구를 거절할 것
둘째, 청을 들어준 것에 대한 답례를 거절할 것
셋째, 경조사의 부조를 거절할 것

이수광이 기록한 『조선의 방외지사』를 보면 조선 영조 때 호조 서리를 지낸 김수팽의 이야기가 나온다. 그는 당시 청빈 관료로 소문난 사람이면서 너무도 청렴하고 정직하고 강직해서 많은 일화를 남겼던 '전설의 아전'이다.

호조판서가 바둑을 두느라고 공문서 결재를 미루자 김수팽이 대청에 올라가 판서의 바둑판을 확 쓸어버렸다. 그리고는 마당에 내려와 무릎을 꿇고 "죽을죄를 졌으나 결재부터 해 주시기 바랍니다"라고 했다. 그러나 판서는 그에게 아무런 죄를 묻지 못했다는 것이다.

김수팽은 숙직하던 어느 날 밤, 대전 내관이 왕명이라면서 10만 금을 요청했다. 그는 시간을 끌다가 날이 밝고서야 돈을 내주었다. 야간에는 호조의 돈을 출납하는 것이 금지되어 있었기 때문이었다. 내관이 사형에 처할 일이라고 했지만 영조는 오히려 김수팽을 기특하게 여겼다고 한다.

김수팽 동생 역시도 아전(衙前, 조선 시대 중앙과 지방의 주, 부, 군, 현의 관청에 딸린 구실아치를 이르던 말)이었다. 어느 날 그가 아우의 집에 들렀는데 마당 여기저기에 염료 통이 놓여 있었다. "아내가 염색업을 부업으로 한다"는 동생의 말에 김수팽은 염료 통을 모두 엎어버렸다. "우리가 나라의 녹을 받고 있는데 부업을 한다면 가난한 사람은 무엇으로 먹고 살라는 것이냐?"

탁지부(度支部) 창고에 나라 보물로 저장한 금바둑쇠 은바둑쇠가 수백만 개가 있었다.

이것을 검사할 때에 판서가 한 개를 옷소매 속에 집어넣는 것을 김수팽이 보았다.

"무엇에 쓰시려고 하십니까?"

"어린 손자에게 주려고 하네."

그 때 김수팽은 아무 말도 하지 않고 금바둑쇠 한 움큼을 소매에 넣었다.

판서가 김수팽에게 물었다.

"무슨 연유로 그렇게 많이 가져가는 것이냐?"

"소인은 내외 증손자가 많아서 각기 한 개씩을 주려 하는데, 이것도 부족할 것입니다."

그러면서 김수팽은 "이는 나라의 보물이라 미처 생각하지 못한 일에 대비하여 충당하려 대대로 이것을 전한 것입니다. 대감이 손자에게 주신다 하니 이것은 공적인 물건을 사적으로 사용하는 것이 아닙니까? 대감의 체통으로 그것은 크게 옳지 않은 것입니다. 또한 대감이 한 개를 취하시면 참판이 또한 가져갈 것이고, 일부 관료가 각자 취할 것이고, 서리 수백 명이 또한 가져갈 것입니다. 법이 제대로 행해지지 않는 것은 위에서부터 범해서입니다. 그러니 가져가지 마십시오"라고 말했다.

청송부사 정붕은 영의정이 꿀과 잣을 보내줄 것을 부탁하자 "잣나무는 높은 산 위에 있고, 꿀은 민가의 벌통 속에 있다"고 답을 보냈다. 우의정 김수항은 그의 아들이 죽었을 때 무명 한 필을 보낸 지방관을 크게 꾸짖고 벌을 주었다고 한다. 풍기군수 윤석보는 아내가 시집올 때 가져온 비단 옷을 팔아 채소밭 한 뙈기를 산 것을 알고는 곧바로 사표를 냈다. 또 대제학 김유는 지붕처마 몇 치도 못 늘리게 했다.

사람은 누구나 모든 현실을 보거나 미래를 볼 수 있는 혜안을 갖고 있지는 않다. 대부분의 사람들은 오직 자기가 보고 싶은 것만 보고, 믿고 싶은 것만 믿고, 믿고 싶은 현실밖에 보지 않는다. 사불삼거(四不三拒)의 불문율, 과연 현대판 김수팽 같은 정치인을 찾을 수 없는 것인가?

대법관 출신인 김능환 중앙선거관리위원회 위원장의 사불삼거(四不三拒) 정신은 많은 사람들로부터 찬사를 받고 있다. 대법관 출신의 김 위원장의 부인 김문경 씨는 남편이 대법관을 퇴임한 뒤 채소가게를 운영하고 있었다. 그녀는 "남편이 (공직에 있는) 그동안 아무것도 못 하고 있다가 퇴임 후 나도 뭐 좀 해보자 싶어서 채소가게를 열게 됐다"며 만족하는 모습을 보였다. 남편을 묵묵히 인정하며 노년의 평범한 삶을 기꺼이 받아들이는 부인의 모습에서 우리 사회 고위 공직자의 사불삼거(四不三拒)를 새삼 생각하게 하고 있다.

대법관 퇴임 후 김 위원장은 대형 로펌의 유혹을 뿌리쳤고 여전히 개인 변호사 사무실을 낼 계획이 없다고 밝혀 그의 청빈함은 더욱 주목받았다. 또 최근 국무총리 후보로도 거론됐지만 대법관 출신이 행정부에서 일하는 건 적절치 않다며 공개적으로 거절한 바 있다. 그는 33년 공직 생활에 재산은 아파트 한 채뿐이지만 물질적인 욕심보다는 올바른 처신을 고집한다. 무엇보다 김 위원장은 대법관 임명 당시 국회 인사청문회를 흠 없이 통과했다는 점에서 검증된 인물로 평가받고 있다. 청빈과 무욕의 상징으로 노년의 평범한 삶을 기꺼이 받아들이는 김능환 위원장과 같이 삶의 소중한 가치를 명예로 여기는 나라의 지도자들이 많아졌으면 좋겠다는 생각을 했다.

제**2**장

책 읽는 아이로
키워라

배우고 때로 익히면 또한 기쁘지 아니한가?

공부! 공부! 공부!

공부가 인생의 전부처럼 느껴지는 요즘 공부는 아이들의 어깨를 짓누르는 것이기도 하다. 공부로 압박감을 느끼고 스트레스가 쌓이고 그러나 어차피 할 것이고 잘하면 좋은 이 공부와 아이들이 싸우지 않고 즐겁게 지내게 할 수는 없을까?

논어(論語) 맨 첫 장 학이편(學而篇)에 나오는 공자의 말을 살펴보자.

學而時習之 不亦說乎 학이시습지 불역열호.
有朋自遠方來 不亦樂乎 유붕자원방래 불역낙호.
人不知而不慍 不亦君子乎 인부지이불온 불역군자호.

여기서 공자는 이렇게 말하고 있다.

"배우고 때로 익히면 또한 기쁘지 아니하냐(學而時習之 不亦說乎 학이시습지 불역열호), 벗이 있어 먼 곳으로부터 오면 또한 즐겁지 아니하냐(有朋自遠方來 不亦樂乎 유붕자원방래 불역낙호), 사람이 알지 못해도 노엽게 생각지 않으면 또한 군자가 아니냐(人不知而不慍 不亦君子乎 인부지이불온 불역군자호)"

　배우고 때로 익히며 공부를 하는 것이 즐거운 일이며 다른 사람이 자신을 알아주지 않아도 노엽게 생각하지 않으면 군자라는 말이 참으로 의미가 있어 보인다. 아이들이 공부가 지겹고 하기 싫은 이유는 왜 내가 공부를 열심히 해야 하는가에 대한 공부의 목적을 모르기 때문이다. 자신의 꿈과 비전이 분명히 설정이 되어 있고 삶의 목표가 뚜렷한 아이들은 공부의 목적이 분명하기 때문에 공부를 즐겁게 그리고 열심히 하는 것을 보게 된다. 그러나 대부분의 아이들이 10대에 자신의 꿈과 비전이 무엇인지, 내가 커서 내 인생의 모든 열정을 무엇에 쏟아 부어야 할 것인지, 또 무엇을 위해 살 것인지, 그리고 무엇을 위해 나의 모든 에너지를 쏟아 부으며 살아야 할 것인지에 대한 삶의 목표가 없기 때문에 공부가 재미가 없고 지겹게만 느껴지는 것이다.

　그런 의미에서 아이들이 자신의 삶의 모델을 정하고 삶의 가치를 발견하고 그 가치를 위해서 최선을 다해 살아가도록 하기 위해서는 무엇보다 10대에 책을 많이 읽도록 동기를 부여해 주는 것이 중요하다. 책 속에서 삶의 모델을 찾을 수 있고 삶의 가치를 발견할 수 있기 때문이다. 또한 좋은 책을 많이 읽게 되면 삶의

유익과 즐거움, 그리고 힘과 용기, 삶의 에너지를 얻을 수 있는데
요즘 우리 아이들은 책을 많이 읽지 않는다. 너무나도 안타까운
일이 아닐 수 없다.

Reader is leader

어느 기관의 조사에 따르면 10대들이 평소에 책을 읽지 않는 이유는 '학교공부, 학원 수강으로 시간이 없다'가 26.9%, '습관이 되지 않아 책을 읽기 싫다'가 23.4%로 시간 부족이 가장 큰 이유이며, 다음으로는 독서가 습관화되어 있지 않기 때문이라고 볼 수 있다. 또 하나 주목할 만한 결과는 책을 읽지 않는 이유로 '스마트폰, 컴퓨터 게임, 인터넷 하느라 시간이 없다'가 23.6%, 'TV, 위성, 케이블 방송을 보느라 시간이 없다'가 14.0%로 TV, 컴퓨터 게임, 인터넷이 독서를 대신하고 있는 것으로 나타났다.

이러한 것은 여가활동으로 가장 많은 응답률을 보인 '스마트폰, 컴퓨터 게임'(20.8%), '인터넷'(16.8%), 'TV시청'(17.9%)으로 인해 독서할 시간이 없는 것으로 청소년들은 책 읽기보다는 영상미디어를 선호하고 있어 여가시간을 독서에 할애하고 있지 않은 것이라고 볼 수 있다. 아이들이 10년, 20년 후에 나라와 민족을 위해 새로운 역사를 일으키는 영향력 있는 지도자가 되기 위해서는 학교에서 배우는 것만으로는 턱없이 부족하다. 학교에서 배우는 것 외에 다양한 것을 내 것으로 만드는 통로가 되는 것이 바로 책 읽기라는 사실이다. 왜냐하면 10대의 독서는 그 값어치가 어느 연령대보다 귀하고 다르기 때문이다.

그러기에 독서를 많이 해야 하는 이 시기를 결코 놓치지 않도록 가르쳐야 할 것이다. 10대에 사고와 의식의 뿌리를 튼튼하게 하지 못하면 그 다음에는 아무리 유익한 지식과 정보가 들어와도 그것을 제대로 활용할 수 없게 된다. 특별히 아이들에게 왜 책 읽기가 중요하고 10대에 독서는 선택사항이 아니라 왜 필수인지를 아이들에게 인식시켜 줄 필요가 있다. 책은 읽어도 되고, 안 읽어도 되는 것이 아니라 기회가 있을 때마다 그리고 기회를 만들어서라도 책을 읽도록 해야 한다. 스마트폰과 컴퓨터의 시간을 최대한 줄이고 말이다. 또한 책은 부딪쳐야 하는 삶의 여러 문제들을 해결할 수 있는 문제해결능력을 길러 줄 수 있는 중요한 통로가 된다는 사실이다.

또 책을 통해서 세계를 이해하고 어떻게 살아야 사람답게 사는 것인지, 무엇이 가치 있는 일인지를 알게 된다. 사람의 뜻도 사람의 길도 그리고 행복하게 살아가는 법까지도 다 책에서 얻을 수 있다. 우리는 아이들에게 늘 자신의 미래를 꿈꾸도록 동기를 부여해 주어야 한다. 그리고 미래를 꿈꾸는 아이들에게 늘 변화와 비전을 추구해야 함을 가르쳐야 한다. 왜냐하면 변화를 통해서 인간은 성장하고 성숙해 가며, 비전을 통해 현실을 뛰어 넘어 새로운 미래를 열어갈 수 있는 용기와 희망을 품게 되기 때문이다.

코페르니쿠스적 대전환

우리 아이들이 변화의 매개체인 다양하고 깊이 있는 책 읽기를 통해 변화와 비전을 추구하도록 해야 한다. 독서는 바로 아이들의 생각을 넓혀 주고 정신을 다듬어 가게 해 주며 성장과 성숙의 길로 이끌어 준다. 그래서 우연히 손에 든 한 권의 책으로 인생의 코페르니쿠스적 전환점을 맞이하기도 한다. 시인 밀턴은 위인들의 발자취가 담긴 전기를 "거장의 정신 속에 맥박 치는 혈액"으로 표현했고, 또한 반짝 떴다가 사라지는 스타가 아니라 사람들의 가슴 속에서 맥박처럼 숨 쉬면서 희망과 용기를 심어주는 진정한 영웅이 필요한 시대를 기다렸던 프랑스의 작가 로맹 롤랑은 베토벤, 장 크리스토퍼와 같은 인물들의 생애를 통해 사람을 진정 위대하게 하는 것은 그의 마음에 품고 있는 생각과 정신이라고 말했다. 이렇게 독서는 바로 인간의 가슴에 위대한 정신이 깃들 수 있도록 해준다.

미국의 대통령을 지낸 벤저민 프랭클린은 종교학자 커튼 매더의 자전적 저서인 『선을 담은 수상집』을 읽고 남에게 도움을 주는 인생으로 바뀌었고, 마르틴 루터는 『얀 후스의 생애와 저작』이라는 책을 통해 종교개혁이라는 엄청난 일에 일생을 바칠 수 있었으며, 에이브러햄 링컨 역시도 『톰 아저씨의 오두막집』이라는 책을 읽고 자신의 꿈과 비전을 발견하고 노예를 해방하기 위해 대통령이 되고 결국은 그는 미국 역사상 가장 존경받는 인물이 되었다. 아직 삶의 목표가 확실하게 잡히지 않은 아이들에게 위대한 생애를 살았던 위인들의 이야기는 훌륭한 인생의 거울이 될 뿐만 아니라 변화를 받아 새로운 삶을 살아가게 하는 동기부여를 준다.

안중근 의사는 "하루라도 책을 읽지 않으면 입에 가시가 돋친다(一日不讀書 口中生荊棘)"는 말을 남겼고, 벤저민 프랭클린은 "독서는 정신적으로 충실한 사람을 만들고 사색은 사려 깊은 사람을, 그리고 글쓰기는 확실한 사람을 만든다"고 했다. 또한 영국의 계관시인 윌리엄 워즈워드는 "책은 한 권 한 권이 하나의 세계다"라고 했으며 시성 두보는 그의 시에서 "사내는 모름지기 다섯 수레의 책을 읽어야 한다(男兒須讀五車書)"고 했다.

아이들이 책 읽기를 통해 상상력과 창의력을 높일 수 있고, 간접적인 체험의 기회를 제공 받고, 도덕성 지수(MQ)나 감성 지수(EQ)를 높이고, 영성지능(SQ)을 자극해서 아이들로 하여금 바른 가치관을 형성하게 해 주고 아름다운 말이나 글을 배우며 마음의 병을 치료받기도 한다. 보이는 것에서 보이지 않은 것으로, 외면에 대한 관심에서 내면에 대한 관심으로, 강한 것에서 부드러운 것으로의 변화가 요구되는 이 시대에 미래를 꿈꾸는 아이들이 깨달음과 영감과 새로운 생각을 주는 책 읽기를 통해 더욱 성장하고 성숙해진다는 사실을 인식을 하고 늘 아이들에게 책을 많이 읽도록 해야 할 것이다.

"Reader is leader!", 책을 읽는 사람이 미래를 이끄는 리더가 될 수 있다는 말을 마음에 새기고 독서하는 삶을 생활화함으로 변화와 비전 그리고 성장과 성숙을 꿈꾸는 아이들로 자랄 수 있도록 좋은 책을 아이들에게 많이 소개해야 한다. 특별히 10대에 고전을 많이 읽도록 해야 한다. 『그리스·로마 신화』, 『어거스틴의 참회록』, 『노인과 바다』, 『장발장』, 『전쟁과 평화』 등 주로 톨스토이나 세익스피어의 고전을 읽도록 하면 좋을 듯싶다.

그리고 ≪타임(Time)≫과 같은 영어 시사주간지 하나 정도는 꾸준히 읽도록 하면 좋다.

고전 100권 읽기 운동(The Great Book Program)

고전을 읽도록 하는 것이 왜 중요한지에 대한 예를 들면, 시카고 대학은 미국에서 노벨상을 많이 배출하기로 유명한 대학이다. 원래 시카고 대학은 이전에는 별로 유명한 대학이 아니었다. 그런데 1929년에 젊은 나이에 로버트 허친슨 총장이 부임하게 된다. 시카고 대학이 세워진 동기는 동부의 예일 대학에서 선교적인 차원에서 세워지게 된 것이다. 처음에는 별 볼 일 없는 대학이었다. 학생들은 패배주의와 열등의식으로 가득 차 있었다. 새로 부임한 총장은 고민에 빠졌다. 어떻게 하면 열등의식과 패배주의에 빠진 학생들에게 자긍심을 심어주어 성공적인 인생을 살 수 있게 할 수 있을까?

어떻게 하면 이들을 이 사회뿐만 아니라 세계적인 인물로 키울 수 있을까? 성취자로 성공적인 인생을 살게 해 주려면 이들에게 훌륭한 인물을 소개해 주어야 할 것인데, 그 방법은 없는 것일까? 총장은 고민에 고민을 하게 된다. 그리고 한 가지 해결 방안을 찾아내었다. 그 방안이 바로 "고전 100권 읽기 운동(The Great Book Program)"이다. 그는 학생들로 하여금 책을 통해 삶의 모델이 될 만한 인물을 만나게 해 주었다. 이 프로그램은 100권의 고전을 학생들에게 소개해 주고 졸업 때까지 100권의 책을 읽게 만든 프로그램이다. 총장은 책을 읽되 3가지 과제를 주고 읽도록 했다.

첫째, 모델을 정하라.
둘째, 영원불변한 가치를 발견하라.
셋째, 발견한 가치에 위에 자신의 꿈과 비전을 세워라.

이렇게 책을 통해서 미래의 자신이 어떤 사람이 될 것인지 삶의 모델을 정하게 하고 또 진정한 삶의 가치가 무엇인지, 인생의 모토가 될 수 있는 참 가치가 무엇인지를 책을 통해 발견하게 하고, 그리고 그 가치 위에 자신의 꿈과 비전을 세우게 한 것이다. 지적인 능력으로 볼 때 미국의 하버드 대학이나 예일 대학의 학생들에 비해 60~70%에 불과했던 그들이, 책을 통해 인생의 모델을 만나면서 그들의 삶 속에서 고귀한 가치를 발견하고 발견한 가치 위에 꿈과 비전을 세워 나갔을 때 성취자, 과(過)성취자로 오늘날 72명의 노벨상 수상자를 배출하게 된 것이다.

아이들이 평생 자신의 한계상황에 부딪혀 패배주의와 열등의식에 빠져서 낙오의 대열에서 방황하는 아이로 키우지 않으려면 그런 한계에 부딪혔을 때 그것을 극복하고 위대한 삶을 살았던 인물들을 책에서 만날 수 있도록 기회를 만들어 주고 동기를 부여해 주어야 한다.

세계적인 책벌레들

《U.S & World Report》에 따르면, 미국을 움직이는 30명 중 50%가 유대인이라고 한다. 또한 미국 전체 인구의 3.2%인 650만 명의 유대인이 미국에서 노벨상을 수상한 사람의 24%를, 미국 대학교수의 30%를 유대인이 차지하고 있다고 보도했다. 그 외에 금융, 정치, 과학, 교육, 언론 등에서 두각을 나타내는 사람들 중 많은 이가 유대인들이다. 그 이유가 어디에 있을까? 이들은 어려서부터 어머니의 무릎 위에서 성경을 통해 내가 어떤 인생을 살아야 하는지를 배우게 된다. 그런 과정에서 10대 때부터 자신의 꿈과 비전, 삶의 목표를 정하기 때문에 공부하는 데 목숨 걸고 하게 되는 것이다.

링컨 역시 한 권의 성경으로 길러진 위대한 인물이라고 할 수 있다. 링컨은 너무 가난해서 부모님을 도와 농사일을 돕느라 학교에 가지 못하는 날이 더 많았다. 그가 학교를 다닌 시간은 모두 합쳐서 1년이 채 되지 않는다고 한다. 그런데도 그가 훌륭한 대통령이 될 수 있었던 것은 책을 통해 꾸준히 자기만의 공부를 했기 때문이다.

우리는 링컨을 통해 독서가 얼마나 중요한지 그리고 훌륭하고 가치 있는 삶을 살기 위해 얼마나 필요한지를 깨닫게 된다. 링컨은 책을 살 돈이 없어서 주로 마을 사람들에게서 책을 빌려서 읽었다. 마을 책 전부를 읽고 난 후에는 멀리 떨어진 마을까지 가서 책을 빌려와서 독서를 할 정도로 책 읽기에 대한 열정이 대단했다고 한다. 링컨은 평생 동안 책을 읽었는데 그중에서도 가장 즐겨 읽었고 자신에게 큰 영향을 끼친 3권의 책이 있었다고 말했다. 즉 『조지 워싱턴의 전기』를 통해 애국심과 책임감을 배웠고, 『로빈슨 크루소』를 통해 열정과 끈기를, 그리고 『성경』을 통해 희망과 믿음을 가지게 되었다는 것이다.

미국의 17대 대통령인 앤드류 존슨은 미국 역사상 가장 가방끈이 짧은 대통령이다. 1808년 노스캐롤라이나 주의 롤리라는 시골 마을에서 태어난 그는 집안이 너무 가난했기 때문에 정규학교를 단 하루도 다니지 못했다. 양복재단사로 일하던 18살 때 구두수선공의 딸과 결혼하면서 아내에게 글씨를 배울 때까지는 단 한 줄의 글도 읽지 못했다고 한다.

그런데도 35살에 연방 하원의원에 당선되어 10년간 재임했으며 그 후 테네시 주지사와 연방 상원의원을 거쳐 마침내 대통령까지 되었다. 그의 가장 큰 업적은 1867년, 720만 달러라는 헐값에 러시아로부터 알래스카를 사들인 것이다. 전쟁을 통하지 않고 미국의 영토를 20% 이상 확장했던 것이다. 그는 특히 정적들과의 논쟁에 능했는데 압권은 민주당 후보로 뽑혀 대통령에 출마했을 때였다. 공화당 측에서 "초등학교도 못 다닌 양복쟁이 출신 주제에 감히 대통령을 넘보다니……"라고 공박하자 "예수가 어느 초등학교를 나왔는지 아는 사람이 있는가? 게다가 그는 목수 출신이다. 그러나 나는 아직도 그보다 위대한 사람을 알지 못한다"라고 부드럽게 맞받아쳤던 것이다. 그 이후로 공화당에서 더 이상 그의 학력이나 경력에 대해 시비를 걸지 못했다고 한다.

앤드류 존슨의 직전 대통령인 에이브러햄 링컨은 존슨에 비해 가방끈이 눈곱만큼 길다. 그리고 발명왕 에디슨이 초등학교에 입학한 지 석 달 만에 문제아, 열등생으로 낙인 찍혀 학교에서 쫓겨난 것은 널리 알려진 사실이다. 학교에서 글을 깨우치지 못한 그는 집에서 어머니에게 교육을 받아 겨우 책을 읽기 시작했다.

이들 모두의 공통점이 있다. 가방끈이 짧다는 것은 이미 말했고 그들이 미국의 역사, 나아가 세계의 역사에 큰 흔적을 남겼다는 것도 이미 아는 사실이다. 그렇다면 또 다른 공통점이 뭘까? 그것은 모두가 책벌레들이었다는 것이다. 18세 때 비로소 글씨를 깨우친 존슨은 자신이 글씨를 읽을 수 있다는 사실이 너무도 신기해 그 후에는 글씨로 적혀진 것은 무엇이든지 읽는 습관이 생겼으며 링컨은 농사일을 하는 중에도 책을 읽는 바람에 아버지에게 꾸중을 들었다는 것은 널리 알려진 일이다. 또 에디슨은 장르를 불문하고 디트로이트 시립도서관에 있는 책을 모두 읽었다고 한다.

독서의 효용성을 강조할 때 가장 주목을 받는 사람은 오프라 윈프리이다. 따지고 보면 그녀도 제대로 교육을 받지 못했다. 가정부 출신인 18살의 미혼모에게서 태어나 9살의 나이에 사촌 오빠에게 성폭행을 당했고, 그 후 5년 동안 삼촌과 엄마의 남자친구로부터 지속적인 성추행을 당했으며, 14세에 첫 아이를 출산해 미혼모가 되었는데, 언제 제대로 공부를 할 수 있었겠는가?

그런 그녀가 유엔으로부터 '세계의 지도자 상'을 수상했으며 시사주간지 《타임》은 '세계에서 가장 영향력 있는 인물 100명'에 그녀의 이름을 올렸고 일리노이 주립대 역사학 교양 과목으로 '거물 오프라 윈프리'라는 강좌가 개설되었을 정도이다. 개인 자산도 1조 원이 넘는 것으로 추정되며 그녀가 토크쇼에서 "이 책은 정말 좋은 책입니다"라고 말하면 단번에 밀리언셀러가 될 정도로 영향력이 있는 사람이기도 하다. 오프라 윈프리는 자신의 과거와 현재가 그처럼 확연하게 달라진 배경에 대해서 "한 마디로 독서다"라고 말한다.

미숙아로 태어난 자신의 아이를 2주 만에 잃은 뒤 그녀는 책 읽기를 통해 잘못된 자신의 인생을 바로잡기 시작했다. 2주에 한 권씨은 무조건 책을 읽고, 읽은 책은 반드시 독후감으로 정리한다는 계획을 세운 후 그것을 실천한 것이 인생을 바꿔놓은 것이다. 오프라 윈프리가 학생식당에서조차 혼자서 책을 읽는 등 항상 손에서 책을 놓지 않고 있는 모습을 본 중학교 시절의 은사 아브라함스는 읽을 만한 책을 꾸준히 추천해 주었고 가난 때문에 진학을 포기하려는 그녀를 고등학교에 장학생으로 입학할 수 있도록 주선해 주었다. 그 후의 오프라 윈프리의 생애는 알려진 바와 같다. 그녀는 한 언론과의 인터뷰에서 자신과 책 읽기의 관계를 이렇게 정의했다.

책을 통해 나는 세상에 나처럼 사는 사람이 또 있다는 것을 알았으며 그러한 역경을 극복한 사람이 많다는 것도 알았다. 독서는 내게 희망을 주었다.

또한 베스트셀러 반열에 오른 『우리들의 행복한 시간』의 작가 공지영은 자신의 산문집 『빗방울처럼 나는 혼자였다』에서 책 읽기의 실질적인 도움을 이렇게 말했다.

나는 모르는 일이 있을 때, 예를 들어 사진을 찍어야 하거나 베란다에 작은 채소라도 가꾸려고 할 때, 또 소설 쓰기를 위해 어떤 일을 취재해야 할 때 사람들에게 묻기보다는 관련된 책을 찾아 읽는

다. 그것이 사람들에게 물어보는 것보다 훨씬 편하고 비용도 적게 든다.

한 마디로 책 속에 모든 답이 들어 있다는 것이다.

빌 게이츠 역시도 독서광이었다. 그는 "하버드대 졸업장보다 아이들에게 책 읽기 습관이 더 소중하다", "지금의 나를 있게 한 것은 우리 마을 도서관이었다"고 말했다.

그는 어린 시절부터 부모님이 TV를 보여주는 대신 책을 읽어주고 늘 가까이 하게 한 것으로도 잘 알려져 있다. 빌 게이츠는 최소한 매일 밤 1시간씩, 주말에는 3~4시간씩의 독서시간을 가지려고 노력했다고 한다. 이러한 독서습관이 그의 안목을 넓혀준 것이다. 분명한 것은 빌 게이츠의 천재성은 그의 끊임없는 독서가 밑거름이었다는 사실이다. 그가 성공할 수 있었던 것은 두뇌가 똑똑해서도 아니고 돈이 많아서도 아니다. 끊임없이 책을 통해서 자기 개발과 자신의 쇄신을 통해 변화를 꿈꿨기 때문이며 또한 찾아온 기회를 놓치지 않았기 때문이다. 바로 변화(change)하려는 몸부림 속에 기회(chance)가 찾아온다는 말이다.

물론 요즘 아이들은 볼 것도 많고, 가지고 놀 것도 많은 세상에 책을 읽는다는 것은 따분하고 재미가 없을 수 있다. 그러나 우리 아이들이 별 볼 일 없는 인생으로, 삼류 싸구려 인생을 살기 바라는 부모는 단 한 사람도 없을 것이다. 우리 아이들이 한 번 사는 인생 정말 귀한 인생으로, 세상에 선한 영향력을 끼치는 가치 있고 의미 있는 인생으로 살기를 바란다면 10대에 책을 읽은 습관을 길러주는 것이 부모로서 해야 할 일이다. 그리고 아이들이 10대에 하고 싶은 일보다는 해야 할 일에 목숨을 걸도록 삶의 방향을 바로 잡아 주는 것이 부모로서의 역할이 아니겠는가? 세계 재벌 3위인 주식 투자가 워런 버핏 역시 책벌레였으며, 유엔 사무총장인 반기문도 어려서부터 책벌레였다.

지금 전 세계가 독서운동에 열을 올리고 있다. 일본에서 아이를 가진 어머니들이라면 모르는 사람이 없을 정도로 보편화되어 있는 Book Start Project는 영국에서 시작된 독서 운동이다. 영국의 Book Start Project에 의하면 영국의 아이들이 7~9개월이 되어 건강진단을 받을 때 영국의 부모들은 2권의 유아용 도서와 여러 가지 충고, 정보, 지역 도서관 초청서 등이 들어 있는 꾸러미를 무료로 받게 된다. 책 읽는 부모 밑에서 자란 아이들이 책을 읽는 법이기 때문이다. 그리고 대문호 셰익스피어의 태어난 날이면서 '책과 저작권의 날'인 4월 23일을 기념해서 영국에서 벌어지는 어린이 독서 캠페인 중에 하나인 북 토큰(Book Token)은 아이들로 하여금 일정액 할인 가격으로 책을 구입하게 하는 제도이다.

미국과 일본 역시도 기업의 경쟁력을 좌우하는 힘이 책에 있다는 사실을 인지하고 아침 10분 독서운동이라든지, 연중무휴로 밤 10시까지 공공도서관의 문을 열어 놓고, 독서운동을 장려하고 있다. 싱가포르나 핀란드 역시도 나름의 독서 인프라를 구축하고 있다. 핀란드의 이동도서관인 '북 모빌'은 도서관에 스스로 찾아오기 힘든 아이들을 위해 이동도서관을 운영하고 있는 제도이다. 우리나라도 몇 년 전에는 아이들 포함해서 어른들이 너무도 책을 읽지 않기 때문에 전 국민이 책을 읽도록 하는 캠페인도 벌이고, 외국에서 시행하고 있는 각종 독서운동을 벤치마킹해서 실시를 하고 있지만 기대만큼 큰 효과를 거두고 있지 못하는 것 같아 보인다.

우리나라도 국가경쟁력에서 뒤지지 않으려면 어려서부터 아이들이 책과 친해질 수 있는 기회를 많이 만들어 줄 뿐만 아니라 도서관이나 서점에 아이와 함께 자주 들러서 책을 가까이 할 수 있는 기회를 제공해 주면서 이렇게 어려서부터 우리 아이들에게 책을 읽는 습관을 부모가 길러주는 것이 중요하다. 특별히 다독(多讀)보다는 한 권의 책을 읽으면서 상상하고 곱씹고 생각하는 독서를 하게 하는 것이다.

유레카(Eureka, 바로 이거야!)

모름지기 좋은 책은 아이들의 상상과 사색을 자극하는 책이다. 정보를 제공하는 책도 중요하지만 생각하게 만드는 책이 더 중요하다. 가치 없는 책 10권을 읽는 것보다 가치 있는 좋은 책 한 권을 10번 읽게 하는 것이 더 중요하다. 읽어서 양식이 될 수 있는 좋은 책들을 추천해 주고, 그런 양서들을 읽는 습관을 길러주는 것이 무엇보다 중요하다. 그리고 책을 읽되 천천히, 더디, 사색하며 읽게 하자. 책을 읽다가 좋은 구절이 나오면 그 구절을 붙들고 상상하고 자신의 생각을 여백에 써보기도 하고, 나아가 자신의 글도 한 번 써보게 하자. 책을 읽다가 유레카(Eureka, 바로 이거야!) 하는 순간이 있는데 그때는 책을 덮고 그것을 깊이 생각해 보게 하고 곱씹어 보면서 내 것으로 만드는 습관을 갖게 하자. 또한 자투리 시간을 이용해서 책 읽는 습관을 갖도록 하는 것이 중요하다.

학교공부를 제쳐 두고 책을 읽는 것은 비현실적이다. 그러나 낭비되는 시간을 틈틈이 책 읽기로 채운다면 이보다 더 경제적인 것이 어디 있겠는가? 공부하다가 잠시 머리를 식히는 시간에 책을 읽는다면 훨씬 더 공부에 도움이 될 것이다. 수학문제를 한참 풀다가 막히거나 잘 풀리지 않을 때 좋은 소설 한두 장 읽으면 금세 머리가 맑아지고 또 공부에 집중할 수 있게 된다. 또한 아이들이 책 읽기를 통해서 끊임없이 자신을 쇄신해 나가도록 교육해야 한다.

독수리는 끊임없는 자기 쇄신을 통해 오래 사는 새 중에 하나이다. 독수리는 70년 동안이나 살 수 있다고 한다. 그러나 그 만큼 오래 살기 위해서 독수리는 한 가지 중대한 결정을 내려야만 한다. 40대가 되면 독수리는 발톱이 길고 휘어져 더 이상 먹이를 잘 낚아채지 못하게 되고, 또 길고 날카로웠던 부리 역시 휘어진다. 더불어 늙고 무거운 날개는 두꺼운 깃털이 가슴에 붙어 날기 어렵게 한다.

이럴 때 독수리는 두 가지 중 하나를 선택해야만 한다는 것이다. 하나는 그냥 죽는 것이고 다른 하나는 150일 간의 변화 과정을 겪는 것이다. 그 과정을 거치기 위해 독수리는 산꼭대기 둥지로 날아가야 한다. 그리고는 구부러진 부리를 바위에 계속해서 부딪쳐 부리가 다 뽑아지게 만든다. 이렇게 새로운 부리가 자라기까지 기다린 후에 독수리는 또 이번에는 발톱을 뽑아낸다. 또 새로운 발톱이 자라나면 마지막으로 오래된 깃털을 뽑기 시작한다. 이렇게 해서 다시 태어난 독수리는 5개월 동안의 고통을 참

아 낸 다음에는 정말 새롭게 되어서 멋진 비행을 하면서 30년을
더 산다고 한다.

　우리 아이들에게도 왜 삶의 변화가 필요한 것일까? 그것은 많
은 경우 끊임없이 자신을 쇄신하지 않으면 큰 사람으로 세상 가
운데 영향력을 끼칠 수 없기 때문이다. 끊임없이 자기 개발을 통
해서 시대를 이끌어 가는 자로 살기 위해서는 책을 통해서 자신
을 되돌아보면서 내가 나아가야 할 방향을 설정하고, 방향이 잘
못되었다면 궤도를 수정하고, 끊임없이 변화하는 모습으로 자신
을 이끌어 가지 않으면 도태될 수밖에 없다는 사실을 아이들에게
인식시켜 줄 필요가 있다.

은쟁반의 금사과

특별히 요즘 들어 아이들이 사용하는 언어를 가만히 들어보면 참 가슴이 답답해져 옴을 느낀다. 언어의 실력이 너무도 부족한 아이들! 그 이유가 뭘까? 그것은 다름 아닌 책을 읽지 않는다는 증거일 것이다. 언어의 실력이 부족하다 보니 적절한 때 적절한 언어를 끄집어내어 사용할 수 없고, 입을 통해 나오는 것은 그래서 욕밖에 없는 것이다. 독서를 하지 않기 때문에 언어의 실력이 부족하고 욕으로 일관하는 아이들, 욕이 일상 언어가 되어서 습관적으로 욕설을 쏟아내는 아이들, 그리고 집에서 쓰는 말과 밖에서 쓰는 말이 다르다. 집에서는 조용하고 소극적이고 무관심한 자세를 보이는 아이가 밖에 나가 친구들을 만나면 활기를 찾고 집에서 경험하는 아이와는 전혀 다른 아이가 되어서 친구들과 어울리는 전혀 다른 아이의 모습이다.

초·중·고생의 70% 가까이가 욕설을 사용한다는 통계가 있는데, 욕을 하게 되면 동질감을 느낄 수 있고 그래서 욕이 습관이 되어 버리면서 의미 없이 내뱉는 욕설이 일상어가 되어 버린 아이들, 나이와 성별에 상관없이 자신이 사용하는 욕설에 대해 의미조차도 모른 채 전혀 거리낌이 없는 아이들의 미래에서 위기감이 느껴진다. 우리 아이들의 언어습관이 미래의 위기로 연결될 수 있다는 사실을 기억하고 언어습관을 바르게 잡아줄 필요가 있다.

인터넷이 언어파괴의 온상이라고 하지만 이는 모든 대답이 되지 않는다. 왜냐하면 아이들은 학교, 학원, TV를 비롯한 각종 미디어 매체 등을 통해서 불편한 언어에 노출되어 있기 때문이다. 아이들이 사용하는 언어는 이미 우리가 예상하는 범위를 넘어서 일상이 되어버렸다. 특별히 언어습관은 아이의 품성을 비롯하여 평생을 좌우한다. 아이들의 바른 언어 습관은 상대에 대한 존중과 배려 그리고 소통을 가르치며 생각의 바른 표현과 생성을 촉발하기 때문에 아이들의 품성을 바르게 인도해 줄 언어의 실력을 길러줌으로서 바른 언어의 습관을 갖도록 해 주는 것이 무엇보다도 중요하다.

또한 언어의 실력을 키울 수 있는 방법은 폭넓은 책 읽기에 있다는 사실이다. 그러므로 아이들이 책 읽기를 통해서 언어의 실력을 길으므로 바른 말을 사용하는 것을 미덕으로 받아들이면서 언어의 즐거움을 느낄 수 있도록 책 읽는 습관을 길러주어라. 이렇게 언어의 실력이 부족하고 욕으로 일관하는 것은 아이들이 독서를 하지 않기 때문이다.

우리는 이런 아이들에게 책 읽는 습관을 길러줌으로써 아이들이 은쟁반의 금사과처럼 경우에 합당한 말을 함으로 올곧은 인격을 가진 자들로 키워야 할 것이다. 이렇게 책 읽기를 습관화시켜 주는 것은 어른들이 아이들에게 평생 지니고 살 수 있는 큰 재산을 물려주는 것과 같다. 책은 가치를 매길 수 없는 보물 창고이기에 어렸을 때부터 책 읽는 습관을 통해 외모보다 내면을 아름답게 꾸미는 좋은 습관을 길러주자.

제**3**장

글로벌 인재로
키워라

세계가 너무나 빠르게 변하고 있다. 변화에 가속도가 붙어 무서울 정도로 하루가 다르게 세계가 변하고 있다. 2020년이 되면 세계는 대규모 지각변동을 일으켜 지금까지와는 전혀 다른 새로운 국면으로 접어들 것이라고 다양한 분야의 세계적인 석학들은 전망하고 있다. 글로벌 경쟁력을 갖추고 있는 인도와 중국은 교육의 선진화를 이루기 위해 국제학교를 세우고 학교에서는 국제부를 신설해 영어로 수업을 하면서 다양한 교육 프로그램을 개발하고 있어서 앞으로 10년 후에는 세계의 힘의 중심이 인도와 중국으로 이동할 것이고 세계 경제를 지배하는 시대가 도래하게 된다는 것이다.

세계가 이처럼 무섭게 변하고 있는데 우리는 느긋하게 여전히 입시 위주의 교육을 하고 있고 부모들은 환상만 좇고 있다. 이렇게 글로벌의 파도라는 거대한 폭풍우가 무섭게 밀려오고 있는데 지금 우리의 교육은 아무런 준비 없이 대학입시만을 목표로 아이들을 키우고 있는 것이 한국교육의 현실이다. 그렇다면 무서운 글로벌 파도에 휩쓸려 떠내려가고 있는 수많은 사람들 틈에서 과연 우리의 아이들이 그 파도를 제대로 타기 위해 필요한 기술을 터득하고 있는가? 그리고 한국의 교육현실에서 글로벌 인재를 양성하기 위한 교육 시스템이 갖추어져 있는가? 혹 방향을 제대로 잡지 못하고 공교육, 사교육 모두 입시 시스템에 끌려가고 있는 것은 아닌지 이 시점에서 깊이 성찰해보아야 할 것이다.

대규모 지각 변동에 이대로 도태하고 말 것인가? 아니면 한 단계 도약하는 계기로 삼을 것인가? 도태인가 도약인가 선택해야 시점에 와 있다. 국가경쟁력의 핵심은 글로벌 마인드를 가진 인재들을 얼마나 많이 키우는가에 달려 있다. 그래도 희망적인 것은 배고픔에 인종차별까지 감당해내며 타국에서 눈물을 삼키던 재외동포 2세들이 세계 경제를 주름잡는 거상으로 성장을 하고 있다. 세계 자본시장을 좌지우지하는 유태인처럼 세계가 한국의 글로벌 인재들에 긴장할 날도 머지않았다는 생각을 해본다.

식민지에서는 벗어났지만 6·25 전쟁으로 하루하루 먹고 사는 것이 더 전쟁 같았던 시절, '신세계'를 꿈꾸며 한국을 떠난 사람들이 할 수 있는 일이라고는 세탁소나 슈퍼가 고작이었다. 하지만 불철주야 어렵게 키워낸 2세들은 세계의 중심에서 활약하며 고생한 부모는 물론 고국에도 보답하고 있다.

글로벌 인재들

세계 3대 국제기구는 국제연합(UN), 국제금융기구(IMF), 세계은행(WB)이다. 그 중에 국제연합(UN), 국제금융기구(WB)의 수장이 바로 한국인이다. 세계은행 총재 김용, UN 사무총장 반기문이 그 주인공들이다. 1958년 서울에서 태어나 5살에 미국으로 이민을 간 김용 총재는 세계 3대 국제기구인 세계은행(WB)의 수장이 되어서 고국에 돌아왔다. 121년 만에 첫 한국계 주한 미국대사라는 역사를 쓴 성 김 대사도 초등학교 3학년 때 미국으로 이민을 간 대표적인 재외동포 2세이다.

세계 경제를 이끌고 있는 한상(韓商, 재외동포 경제사업 연대 공동체)들의 활약은 설명이 필요 없다. 전 세계에서 한국인이 벌어들이는 소득 규모는 연간 100조 원이고 한인이 운영하는 기업은 20만 개가 넘는 것으로 추산된다. 미국 아이비리그와 영국 명문대를 주름잡고 있는 3세들이 사회에서 자리를 잡을 5년, 10년 후에는 더 기대를 걸어볼 만하다.

2012년 미국 하버드대학교 수석졸업의 주인공은 경제학과 진권용(20)이다. 그는 졸업생 1,552명 가운데 2명인 전체 수석을 했다. 졸업학점은 4.0 만점에 4.0이었다. 진권용은 남들이 4년 걸리는 학부 과정을 3년 만에 마치며 최우등 졸업생(summa cum laude)에 선정됐고 경제학과 수석상(존 윌리엄스상), 최우수 졸업 논문상(토머스상)도 수상했다. 하버드 대학부에서 한국 국적의 유학생이 전체 수석으로 졸업한 것은 진권용이 처음이다.

그는 경제학을 전공했지만 다른 분야에서도 두각을 나타냈다. 교양 생물학 수업에서 쓴 「수혈에 의한 변형 크로이츠 펠트 야곱병의 감염 위험과 정책대응」이라는 에세이로 교양학부 최고 에세이상(賞)인 코난트상(Conant Prize)을 받기도 했던 것이다. 이 에세이는 학부 1학년 교재로도 채택되었다. 또 학부생임에도 하버드 로스쿨과 케네디 행정 대학원 수업 등도 신청해 4과목 모두를 최고 학점을 받았다. 진권용은 서울 대치초등학교 6학년 1학기를 마친 뒤 미국으로 홀로 유학을 떠났다. 유학생활 중에 그는 공부만 열심히 한 것이 아니라 학교의 온갖 스포츠클럽에 가입해 운동을 했었기 때문에 외로움을 느낄 틈도 없었다고 말한다.

그는 다양한 분야에 대한 탐구심과 오랜 유학 생활을 가능케 한 독립심은 평소 자율과 책임을 강조한 부모님의 교육철학에서 나온 것이라고 말했다. 2011년 12월 이미 예일 대학과 하버드 대학 로스쿨 합격을 통보받은 그는 다양한 학풍을 경험하기 위해 2012년 9월 예일 대학 로스쿨 진학을 결정했다. 진권용은 금융과 국제 통상 분야의 국가 간 소송에서 한국 국익을 대변하는 변호사가 되고 싶다는 포부를 밝혔다.

이렇게 세계 곳곳에서 우리의 자녀들이 글로벌 리더로서 실력을 쌓아가고 있다. 이런 우리의 자녀들이 이제 10년, 20년 후에는 나비효과로 나타날 것이다.

나비효과

나비효과란 나비의 단순한 작은 날갯짓이 날씨를 변화시킨다는 이론이다. 미국의 기상학자 에드워드 N. 로렌츠가 처음으로 발표한 이론이지만 나중에 카오스 이론으로 발전하는 계기가 되었다. 일반적으로는 작고 사소한 사건 하나가 나중에 커다란 효과를 가져 온다는 의미로 쓰이는데, 이 이론은 로렌츠가 「결정론적인 비주기적 유동(Deterministic Nonperiodic Flow)」이라는 논문을 발표하면서 결정론적 카오스(Deterministic Chaos)의 개념을 일깨운 새로운 유형의 과학 이론이었다.

로렌츠는 컴퓨터를 사용하여 기상현상을 수학적으로 분석하는 과정에서 초기 조건의 미세한 차이가 시간의 흐름에 따라 점점 커져서 결국 그 결과에 엄청나게 큰 차이가 난다는 것을 발견했다. 브라질에 있는 나비의 날갯짓이 미국 텍사스에 토네이도를 발생시킬 수도 있다는 것이다. 작은 몸짓이 나중에 엄청난 결과를 가져온다는 이론이다.

이렇듯 우리의 자녀들이 장차 10년, 20년 후에 조국 대한민국과 세계를 이끌어 갈 글로벌 인재가 되도록 바른 인격과 탁월한

실력을 가진 글로벌 인재로 키우는 일에 많은 투자를 아끼지 말
아야 할 것이다.

지난 2006년 초에 ≪뉴스위크≫는 전 세계에서 급부상하는 국
가의 지도자들이 쓴 〈21세기 국가 경영 전략 칼럼〉을 한데 모아
특별호를 냈는데, 제목은 "지식혁명: 왜 승리는 가장 스마트한 국
가와 회사들의 것인가?"였다. 이들이 내놓은 전략에서 하나의 분
명한 공통분모를 발견할 수 있었다. 수년간 독일의 2배, 일본의 4
배나 빠른 경제 성장을 이룩한 영국의 총리였던 토니 블레어는
영국을 비롯한 유럽이 아직도 미국과 중국에 뒤처져 있음을 인정
했다. 그리고 이를 해결하는 유일한 방법은 탁월한 교육을 통해
지속적으로 유연하고 뛰어난 글로벌 인재들을 키우는 것이라고
주장한다. 자기 나라가 가진 인재들의 잠재력을 극대화하는 국가
가 결국 승리한다는 말이다. 그래서 영국은 현재 현대 첨단 교육
에 엄청난 투자를 하면서 산학 협력도 더 활발하게 이끌어 낼 수
있는 교육 프로젝트를 준비하고 실행에 옮기고 있다.

지난 10년 동안 EU와 OECD 평균수준을 훨씬 뛰어넘는 경제
성장을 이룬 스웨덴 총리는 사회 복지와 경제성장이라는 두 마
리 토끼를 잡은 기적 같은 성공의 비결은 역시 전 국민을 역동적
인 글로벌 인재로 교육시키는 시스템이었다고 말한다. OECD 국
가들 중에서 덴마크를 제외하면 스웨덴처럼 교육에 투자를 많이

하는 나라는 없다. 사브, 이케아, 에릭슨, 볼보와 같은 세계적 기
업을 보유한 스웨덴은 계속해서 노동 시장의 유연성 확보와 노동
인력의 평생 교육과 개발에 총력을 기울일 예정이라고 말한다.

세계 속의 정보센터 싱가포르

싱가포르는 아시아 최고의 국제화된 국가 시스템과 금융, 정보통신 덕분에 아시아의 비즈니스 허브로 일찌감치 자리매김을 했다고 볼 수 있는데 부정부패가 없고 환경이 깨끗하며 사회 질서가 엄격하기로 소문이 나 있다. 이런 작은 나라, 싱가포르가 일본을 지배하고 있다는 사실을 아는가? "싱가포르가 일본을 지배한다." 언젠가 ≪비즈니스 위크≫에 실린 기사의 제목이다. 세계 경제를 들었다 놓았다 하는 초국경 거대기업의 아시아 본부가 싱가포르에 몰려 있다는 것이다.

사실 25년 전 말레이 연방에서 떨어져 나올 때만 해도 싱가포르는 아무도 쳐다보지 않는 후진국에 생존의 전망마저 불투명한 나라였다. 말레이 반도 제일 구석에 위치한데다가 쓸 만한 자원이라고는 눈을 씻고 찾아봐도 없는 불모의 섬이기도 했다. 국토는 우리나라의 1/100로 서울보다 작고 인구도 300만 명으로 우리의 1/15에 지나지 않는다.

그런 싱가포르가 이제는 1인당 국민소득 세계 9위의 부자의 나라로, 국가경쟁력은 세계 1, 2위를 다투는 선진국으로, 몇 년 전에 아시아 전역에 불어 닥친 외환 위기에도 흔들리지 않는 강대국으로 자리를 잡았다. 1인당 국민소득이 우리나라의 3배에 달하고, 국제사회에서의 협상력은 우리의 100배 이상으로 어떤 경우에도 당당히 자기 목소리를 내고 있다.

그렇다면 싱가포르는 어떻게 이렇게 짧은 시간에 그토록 눈부신 성장을 하게 되었을까? 여러 가지 요인이 있겠지만 먼저 그들에게는 글로벌 마인드와 탁월한 리더십을 갖춘 사심 없는 지도자가 있었다는 것이다. 그가 바로 케임브리지 대학 출신의 경제학 박사이며 싱가포르 수상을 역임했던 리콴유이다. 그에게는 미래의 비전과 그것을 실행해 나갈 전략적인 마인드, 글로벌 마인드, 국가를 경영하기 위한 실제적인 지식의 도구가 모두 갖춰져 있었다.

그는 20년 전에 이미 '세계 속의 정보센터 싱가포르'를 국가의 전략적 기치로 내걸었다. 그는 세계가 그런 식으로 움직여 갈 것을 미리 간파한 것이다. 이렇게 탁월한 리더십을 가진 위대한 지도자 한사람으로 인해 싱가포르가 정말 작지만 세계의 영향력을 끼치는 나라가 되었다는 사실이다. 그리고 현재 싱가포르의 현 총리는 건국의 아버지 리콴유의 아들 리셴룽이다.

오늘날의 성공을 이루기 위해 싱가포르는 국가의 미래를 이끌 인재 양성 교육에 국력을 기울였다. 그런데 또다시 향후 5년간 교육과 기술 개발에 대한 투자를 2배로 늘리겠다고 한다. 단순히 지식을 습득하는 차원을 넘어 스스로 새로운 지식을 만들어 가겠다는 뜻이다. 특히 IT산업과 첨단정보기술 분야에서 가공할 사이버 지식 도서관 시스템을 구축할 예정이라고 한다. 노동인력들의 평생교육을 장려해서 모두 '생각하고 일하는 노동자'로 만들겠다는 포부다. 리센룽 총리는 TV 연설을 통해 외국의 고급인력을 유치하고 외자를 끌어들이는 데 전 국민이 함께 노력할 것을 강조했다. 탁월한 대학 시스템으로 전 세계의 두뇌들을 유치하여 국가 발전의 동력으로 사용한 미국이 모델이다. 영어를 공용어로 사용하는 싱가포르의 학교에는 지금도 아시아의 다른 나라로부터 학생들이 끊임없이 몰려들고 있다.

국내외적으로 어려움이 많긴 하지만 아직도 자타가 인정하는 세계 최강대국인 미국은 어떤가? 최고의 대학을 통해 일류 인재를 모으는 미국의 교육부 장관 마가렛 스펠링스는 경각심 어린 말을 했다. 2010년 중국 대학이 배출한 엔지니어가 60만 명이고 인도가 35만 명인데 반해, 미국은 7만 명밖에 배출하지 못했다는 것이다. 특히 미국의 중고등학교 교육 수준이 실망스러운 수준이라면서 정부와 부모, 학교 관계자들이 정확한 정보를 나누고 함께 교육의 질을 높이는데 총력을 기울여야 한다고 했다. 교육 때문에 20세기에 미국이 세계의 패자가 되었으며 지금 새롭게 교육

수준을 높이지 않으면 위기가 온다는 것이다.

18대 대통령이 당선되고 새로운 정부가 출범하는 시점에서 대한민국을 이끌어 가고 있는 지도자들에게 묻고 싶은 것은 과연 인재 중심의 명확한 국가 경영 전략이 있는가? 있다면 어떻게 실천할 계획인가? 우리는 글로벌 시대에 대한민국을 이끌고 나갈 만한 인재들을 키우고 있는가? 기억할 것은 잘 키운 지도자 한 명이 나라 전체의 운명을 바꿀 수 있다는 것이다. 제도도 중요하지만 정말 중요한 것은 한 사람의 리더십이다. 나라와 기업은 사람 귀한 줄을 알아야 한다. 나라와 기업의 운명이 글로벌 인재 양성에 달렸기 때문이다. 탁월한 실력과 올곧은 성품과 글로벌 비전을 겸비한 그 한 사람을 위해 키우는 일에 관심과 투자를 아끼지 말아야 할 것이다.

국가 경영 전략의 핵심

우리에게 남은 시간이 많지 않다. 국가 경영 전략의 핵심은 사람을 키우는 데 있다. 10년 전만 해도 인도양 연안에 있는 작은 도시에 지나지 않던 두바이는 오늘날 전 세계 투자자가 몰려드는 도시로 기적 같은 성장을 했다. 모두 셰이크 모하메드 왕자의 탁월한 리더십 때문이다. 사막의 스키장, 해저 호텔, 허허벌판 해변가의 IT도시, 세계 최고의 고층 빌딩 건설 등 그가 추진하는 프로젝트들은 창조적이고 과감했다.

그렇다면 우리는 글로벌 시대에 대한한국을 이끌고 나갈 탁월한 실력과 올곧은 성품을 갖춘 인재들을 키우고 있는가? 잘 키운 지도자 한 명이 나라 전체의 운명을 바꿀 수 있다. 브라질의 사례를 함께 살펴보자.

브라질은 올곧은 성품을 가진 지도자 한 사람 때문에 모든 국민이 잘 사는 나라가 되었다. 2002년부터 2008년까지 브라질 대통령을 지냈던 사람은 룰라 대통령이다. 브라질이라는 나라는 인구가 1억 9천만 명 정도 되는 나라인데 브라질 하면 떠오르는 것은 축구, 삼바 춤, 아마존, 세계 최악의 불평등 국가 등이다. 그런데 룰라가 대통령이 되면서부터 이 브라질이 달라지기 시작했다. 사실 룰라는 그렇게 대단한 사람도 아니었다. 그는 어렸을 때 땅콩과 오렌지를 파는 거리의 소년이었고 구두닦이 소년이었다. 그리고 초등학교도 졸업을 하지 못하고 14살 때 선반공으로 일했던 사람이다.

룰라는 글도 못 읽고 영어도 못했다. 그런 룰라가 57살이 되고 새로운 도전을 하게 된 것이다. 쓰러져 가는 브라질을 살리겠다며 대통령에 도전한 것이다. 앞서 말했듯이 룰라는 글도 못 읽고, 영어도 잘 모르고, 거리에서 오렌지와 땅콩을 파는 소년이었고, 구두닦이 소년이었다. 하물며 초등학교도 졸업을 하지 못하고 14살 때 선반공으로 일했던 사람인데 대통령이라니 말이 되는 소리인가? 그러나 그는 브라질을 정말 사랑했고, 브라질 국민들을 진심으로 사랑했다.

이렇게 룰라는 브라질을 살기 좋은 나라, 행복한 나라, 불평등이 사라지는 나라로 만들겠다고 결심하고 57살이 된 나이에 대통령에 도전한다. 그런 그가 대통령에 덜컥 당선된 것이다. 사람들의 반응은 어떠했을까? 언론에서 떠들어대기 시작했다.

"룰라는 브라질을 벼랑 끝으로 몰고 갈 것이다."

"글도 제대로 못 읽고, 영어도 잘 모르고, 거리에서 오렌지를 파는 소년이었고, 구두닦이 소년이었고, 초등학교도 졸업하지 못하고, 선반공으로 일했던 사람이 대통령이라니 말이 되는 소리냐?”

　그때 룰라는 이렇게 말했다.

나도 인간인지라 고등교육을 받은 사람이 무척 부럽다. 경제학자가 되고 싶었는데 그러지 못했다. 하지만 나는 실망하지는 않는다. 나는 가장 중요한 능력을 가지고 있기 때문이다.

　그러면서 “브라질 엘리트들이 지금까지 이루지 못한 것을 선반 노동자 출신이 이룰 수 있다는 것을 보여 줄 것이다”라고 말했다.

　미국 대통령인 버락 오바마 대통령이 깊이 존경하는 사람이 바로 룰라 대통령이라고 한다.

　“룰라는 내 우상이다. 나는 룰라를 깊이 존경한다.”

　룰라는 2002년 대통령에 당선이 되면서 그는 태어나서 처음으로 증서라는 것을 받아 보았다. 초등학교 졸업장도 제대로 받아 보지 못한 그가 태어나서 처음으로 받아 본 증서가 바로 대통령 당선증이었다. 초등학교 졸업장도 받아 보지 못한 그가 대통령으로 해결해야 할 과제가 뭐였냐면 빈곤(1/4) 퇴치, 국가부채였다. 그런데 설상가상으로 룰라가 대통령이 되니까 해외자본들이 떠나기 시작했다. 이제 브라질에는 희망이 없다며 다 떠나고 만 것이다.

그런데도 그가 대통령이 되고 가장 먼저 했던 일은 가난 퇴치였다. 가난한 사람들에게 희망을 주는 정책을 최우선으로 했다. 빈민 2천만 명을 중산층으로 끌어 올렸고, 이렇게 중산층이 두터워지자 빈부격차가 줄어들고, 빈부격차가 줄어들자 소비가 늘어났으며, 소비가 늘어나자 기업들이 활기를 띠기 시작했고, 기업이 살아나자 경제가 살아나기 시작한 것이다.

룰라가 끝까지 놓지 않았던 것은 가난에 걸었던 희망이었다. 그가 임기 8년을 마치고, 퇴임하면서 남긴 말이다.

만약에 내가 실패했다면, 아마 그것은 빈민들의 실패였을 것이다.

결국 룰라의 임기 8년 동안 브라질은 국가 부채를 모두 해결하고 세계경제대국 8위로 올라서게 했던 것이다. 그가 마지막 퇴임 연설에서 남긴 이 한 마디는 우리의 가슴을 울리게 하는 감동적인 말이 아닐 수 없다.

이 모든 업적은 초등학교밖에 나오지 못한 나를 대통령으로 뽑아준 국민들에게 돌아가야 한다.

올곧은 성품을 겸비한 지도자 한 사람의 영향력이 얼마나 큰

지를 여실히 보여주는 예가 아닐 수 없다. 이렇게 욕심 없이 조국 대한민국을 진심으로 사랑할 줄 아는 대통령, 백성들의 눈물을 닦아 줄 수 있는 대통령, 백성들의 고통과 아픔을 함께 나눌 줄 아는 대통령, 그래서 그가 이룬 모든 업적을 백성들의 몫으로 돌릴 줄 아는 겸손한 대통령이 이 조국 대한민국에도 있으면 얼마나 좋을까? 깊이 생각해본다. 이렇듯 한 사람의 영향력이라고 하는 것은 대단한 것이다.

우리 아이들을 대한민국을 넘어 세계와 시대를 이끌어 갈 글로벌 인재로 키우기 위해서는 위기 상황을 맞이해도 스스로 판단하여 그것을 해결할 수 있는 문제해결능력을 갖도록 해야 하고, 어려서부터 바른 생각, 품위 있는 행동, 좋은 습관, 올곧은 인격을 가진 아이로 성장할 수 있도록 해야 하며, 다른 사람과 함께 더불어 행복하게 살 수 있는 방법을 일러 주고, 삶의 바른 목표를 세워 그 목표가 자신의 삶을 바르게 이끌어 갈 수 있도록 많은 부분에서 투자를 아끼지 말아야 할 것이다.

우물 안에 있는 개구리처럼 현실에 갇혀 살게 하는 것이 아니라 더 넓은 세계가 있다는 것을 깨닫게 해 줄 뿐만 아니라 그 우물 안을 뛰쳐나올 수 있게 하려면 우물 밖의 세계를 알려주고 경험하게 도와주어야 한다. 외국여행을 할 여력이 없다면 관련된 서적을 읽도록 해서 간접적으로 경험을 하게 하는 것도 중요하다.

글로벌 인재는 하늘에서 그냥 뚝 떨어지는 것이 아니다. 길러지고 만들어지는 것이다. 중국의 후진타오, 싱가포르의 리콴유, 유엔 사무총장 반기문 등은 모두가 투자하고 길러지고 키워진 인물들이라는 사실을 기억하자.

제4장

섬기는 아이로
키워라

각박한 교육의 현실

감동이 없고 따뜻한 온정이라고는 도무지 느낄 수 없는 삭막한 교육의 현실을 생각해본다. 스승과 제자의 따뜻한 관계는 이미 사라진지 오래고, 교사와 학생은 오로지 지식을 전달하고 그 지식을 머릿속에 집어넣는 기능만이 존재하는 무미건조한 교육의 현장을 보면서 미어지는 가슴을 어찌할 수가 없다. 인성교육은 온데간데없고 학교는 단지 사회에서 필요로 하는 제품을 만들어내는 공장처럼 변해버린 각박한 교육의 현실 속에서 학생들은 일류대학에 가기 위해 강박증에 사로잡혀서 기계처럼 빡빡한 하루 일과를 보내고 있다.

다음은 하루 25시간을 살고 있는 어떤 평범한 여고생이 모든 고등학생을 대표해서 토하고 있는 울분(?)이다.

매일 똑같이 반복되는 하루, 나는 하루 25시간을 살고 있다.
6시 40분. 알람 시계소리가 울린다.
힘겹게 시계를 제압하고 다시 잠에 빠진다.
그러면 어디선가 인간 시계 소리가 귓전을 울린다. 엄마의 목소리.

그저 맞춰진 대로 잠에서 깨고, 움직일 뿐이다.

몸은 머리와 상관없이 기계처럼 움직이고 일어나면 화장실로 직행해서 세수를 하는 둥 마는 둥 끝내고 밥을 먹는다.

밥이 입으로 들어가는지 코로 들어가는지 10분 만에 해치우고 학교를 향해 진군한다.

집에서 빨리 준비하려고 해보지만 등교하는 시간은 항상 똑같다.

그래서 매일같이 뛴다. 지각을 하면 맞아야 하고 운동장을 돌아야 하기 때문이다.

학교에 도착한 후에는 화장실 다녀오기도 무섭게 수업시작을 알리는 소리.

고민이 있어도 고민을 털어 놓을 시간이 없다. 고민을 들어 줄 상대보다도 고민을 털어 놓을 시간이 없다. 그래서 고민은 머릿속에서 마음속으로 점점 쌓여만 간다.

아침 7시 30분부터 시작한 수업은 보충수업까지 해서 오후 6시가 넘어서야 끝이 난다.

저녁시간 50분, 그리고 7시부터 10시까지 야간자율학습.

이것으로 하루의 일과가 끝나는가?

10시로 하루의 일과가 끝나면 얼마나 좋겠는가?

여기서 끝이 아니다.

교문을 나서면 기다리고 있는 것이 있다. '학원 버스'.

학원에 도착하면 지옥이 따로 없다.

하루 종일 수업을 듣다 보니 머리가 터질 지경인데 학원은 더하다.

수업이 80분간 진행되고, 쉴 시간도 없다.

오직 정신력으로 버틴다.

오늘도 나는 누군가에게 고민을 털어놓을 시간이 없다.

이것이 대한민국에 사는 고등학생의 하루 일과의 내용이다. 빡빡한 하루의 일과 속에 파묻혀 흘러 가는대로 아무런 생각도 없이 그저 남이 하는 대로 따라 가는 것이다. 내가 왜 공부를 해야 하는 것인지에 대한 분명한 목적의식도 없이 무조건 일류대학에 가야만 한다는 강박증에 사로잡혀 공부하고 있는 것이다. 공부하는 분명한 목적과 목표도 없이 남들이 하니까 그냥 책상을 지키고 있는 것은 아닌가? 마치 레밍처럼 말이다.

레밍 딜레마

비전이 없는 사람을 가리켜서 종종 레밍에 빗대어 말을 하기도 한다. 레밍이란 스칸디나비아 반도 북쪽에 서식하는 들쥐를 말한다. 레밍은 무리를 지어서 살며 특이한 습성을 가지고 있는데, 이 쥐들은 1년에 한 차례씩 죽음의 질주를 벌인다고 한다. 왜 이렇게 죽음의 질주를 하는 것일까? 이유는 아주 간단하다. 어느 날 우연히 한 마리의 쥐가 바스락 하는 소리에 놀라 갑자기 뛰기 시작하면 이유도 모른 체 옆에 있는 쥐도 덩달아 뛰기 시작한다. 그러면 다른 쥐들도 그 무리에서 떨어지지 않기 위해 필사적으로 따라 뛰기 시작한다.

이렇게 엄청난 수가 무리를 지어 함께 뛸 때에는 앞의 쥐들이 왜 뛰는지도 모르면서 그냥 덩달아 뛰는 것이다. 이 죽음의 질주에서 누가 빨리 뛰는지, 어떻게 하면 다른 쥐들을 앞지를 수 있는지는 별로 문제가 되지 않는다. 어차피 결과는 모두 허무와 죽음뿐이니까. 결국 이 황당한 질주는 절벽이라는 돌이킬 수 없는 장소에 이르러서야 끝을 맺는다. 수많은 레밍이 왜 뛰는지도 모르고 다른 쥐들이 뛰니까 따라가다가 낭떠러지에 떨어져 몰살당하는 것이다.

어쩌면 우리 아이들의 모습이 레밍의 모습은 아닌지 깊이 성찰해 보아야 할 것이다. 삶의 목표도 없고, 꿈과 비전도 없고, 그저 대학 가기 위해서 하기 싫은 공부, 마지못해 하고 있는 것처럼 보이는 이런 아이들을 부모로서 어떤 아이들로 키워야 할 것인가?

무엇보다 중요한 것은 무엇이 가치 있는 일인지, 자신만이 가지고 있는 재능을 극대화해서 영원불변한 가치 있는 소중한 일에 자신의 재능을 쏟아 부을 수 있는 열정을 갖도록 동기를 부여해 주는 것이 중요하고, 또한 내가 무엇을 위해 살아야 되고, 무엇을 위해 죽어야 되는지, 내가 왜 공부를 열심히 해야 되는지, 그리고 삶의 목표가 무엇인지, 꿈과 비전은 무엇인지, 삶의 목표와 비전의 중요성을 끊임없이 아이에게 일깨워 주는 것이 중요하다. 남들이 하니까 나도 한다는 식이 아니라 과연 내가 장차 어떤 사람이 될 것인가? 나의 모든 에너지를 쏟아 부을만한 사명이 무엇인가? 깊이 고민하게 하고, 바른 삶의 목표를 설정하게 하는 것이 중요하다. 즉, 현재 나는 어떠한가? 내가 왜 공부를 열심히 해야 하는가? 내가 원하는 인생은 어떤 것일까? 이런 물음을 가지고, 끊임없이 스스로에게 묻게 하고 그 물음에 나름의 확답을 할 수 있도록 해야 할 것이다.

만약에 이 물음에 우리 아이들이 분명한 대답을 할 수 없다면 자녀들의 모든 노력은 '밑 빠진 독에 물 붓기'에 지나지 않을 것이다. 또한 아이들이 물음에 대해 분명하고도 명확한 답을 할 수 있다면 그 목표를 이루는 과정에서 찾아오는 어떤 어려운 순간에도 포기하거나 좌절하지 않고 강한 의지를 통해 극복할 수 있게될 것이다. 이런 죽음의 질주에 동참하고 있는 자녀들에게 부모님들은 '더 빨리 뛰라고' 윽박지르고 협박까지 한다. '그렇게 공부해서 무엇이 되려고 그러냐, 목숨 걸고 공부하라'고 소리를 지른다. 그러면 아이들은 왜 공부해야 하는지도 모르고 부모님이 하라고 하니까, 선생님이 열심히 하라고 하니까, 남들도 열심히 하니까 그냥 책상을 사수하고 있는 것이다.

선생님들과 부모님들은 침을 튀기면서 열심히 공부해야 Brand College(일류대학)에 갈 수 있고 일류대학을 졸업해야 좋은 직장에 갈 수 있고 결혼도 잘할 수 있다고 가르친다. 5분 더 공부하면 마누라가 달라진다면서 말이다. 그리고 좋은 직장에 가야 돈 많이 벌 수 있고 돈 많이 벌어야 넓은 평수에서 떵떵거리면서 잘살 수 있다고 말한다. 이것이 너희들이 공부하는 목적이라고 부모들은 아이들에게 가르치고 있다. 소유에 가치를 두고 아이들을 가르치는 것이다. 뭔가 잘못된 가르침이라 생각한다.

Well-Being의 의미

'Well-Being'이라는 용어가 있는데, 그 의미는 "육체와 정신의 조화를 통해 행복하고 안락한 삶을 지향하는 삶의 유형 또는 문화현상"이다. 우리말로는 '참살이'로 번역되어 사용되기도 하는데, 그렇다면 참살이가 뭘까? 어떻게 하는 것이 참살이일까? 잘 산다는 의미가 과연 무엇을 의미하는 것인가? 2003년 후반부터 웰빙의 붐이 일어나면서 웰빙족이 등장했는데 그들의 생활을 보면 Being(to be)에는 관심이 없고 오로지 Well(to have)에만 관심이 있는 것 같아 보인다. 즉 육체의 건강과 소유의 가치에만 관심이 있을 뿐 정신적인 건강과 존재의 이유에는 별로 관심이 없는 것 같다.

잘 산다는 의미가 육체의 건강과 더불어 많은 것을 가지고 떵떵거리면서 목에 힘을 주고 사는 것일까? 부자가 되어야만 잘 사는 것일까? 좋은 차를 타고 다니고 넓은 평수의 아파트에 살아야만 잘 사는 것일까? 잘 산다는 기준이 도대체 무엇인가? 대부분의 사람들이 잘 산다는 기준을 소유의 가치에 두고 있는 것 같다. 그렇다면 돈 없는 사람들은 못사는 것인가?

소위 말하는 좋은 직장에 다니지 못하면 못사는 것인가? 넓은 평수에 살지 못하면 못사는 것인가? 사회 풍조가 이러다 보니 자라나는 아이들마저 자신의 재능을 마음껏 펼쳐 보지도 못하고 이상한(?) 풍조를 따라 10대부터 돈 벌기 위해 일류대학에 목숨을 거는 것을 보게 된다.

먼저 우리 아이들에게 잘 산다는 의미와 어떻게 사는 것이 행복한 삶인지를 바르게 가르칠 필요가 있다. 여기서 잘 산다는 의미는 내가 어디에 가치를 두고 살 것인가와 관련이 있다.

가치관의 문제인 것이다. 그렇기 때문에 우리 아이들에게 어렸을 때부터 바른 가치관을 형성하도록 돕는 것이 얼마나 중요한지 모른다. 바른 가치관이란 자기 삶에 무엇이 중요하며 무엇이 옳은지를 판단하는 관점이라고 할 수 있는데, 어떻게 하면 바르고 정직하게 더 나은 삶을 살 수 있을까? 어떻게 하면 다른 사람에게 유익한 존재가 될 것인가? 어떻게 하면 가치 있는 인생을 살 것인가? 가치관이란 이런 물음과 연관이 되어 있다. 이런 바른 가치관을 가지고 나보다는 먼저 남을 위해 희생하고 헌신하고 섬기는 삶을 통해 행복을 느낄 수 있다면 그 인생은 성공한 인생인 것이다. 이런 자녀로 키워야 되지 않겠는가? 21세기 성공하는 지도자 유형은 섬기는 지도자 유형이다. 과거에는 카리스마가 강한 권위적인 지도자가 성공을 했다면 오늘날에는 공동체를 섬기는 이가 존경받고 공동체를 바르게 이끌어 갈 수 있게 되는 것이다. 그런 의미에서 우리 아이들을 섬김의 아름다운 인격의 덕목을 가질 수 있도록 어려서부터 교육하고, 보여주고 섬김이 습관이 되도록 해야 할 것이다.

잘 산다는 것의 의미

우리 자녀들에게 잘 산다는 것이 무엇을 의미하는 것인지를 제대로 가르칠 필요가 있다. 그렇다면 잘 산다는 것은 무엇인가? 물론 잘 사는 방법에는 여러 가지가 있을 수 있다. 또 사람에 따라서 잘 사는 방법이 다를 수 있고, 종교에 따라서, 혹은 가치관에 따라서 나름대로의 잘 사는 방법이 다를 수 있다. 그런데도 지금 현대의 사회에서는 모든 것이 획일화되어 가고 있는 것이 사실이다.

학교 공부도 똑같은 과목에 똑같은 것을 공부해야 하고, 똑같이 일류대학 가는 것이 목적이 되고 사회에서도 똑같이 대기업 취직이나 높은 지위에 올라가는 것이 목적이다. 그런데 그 최종의 목적지에 무엇이 있는가. 바로 부(富)가 있지 않은가. 부자가 되기 위해 공부도 하고 취직도 하는 것이 아닌가. 물론 사람들은 부가 목적이 아니라 행복이 목적이라고 말할 것이다. 그리고 그 말은 틀림없이 맞는 말이다.

그러나 조금만 눈여겨 이 세상의 흐름을 보면 금방 자신도 깜짝 놀라고 말 일이 벌어지고 있음을 알 수 있을 것이다. 처음에는 행복하기 위해 돈을 벌었지만 이제는 가치가 전도되어 모든 것이 돈을 벌기 위한 것으로 귀결되고 있는 것이다. 즉 가치가 뒤바뀐 것이다.

그런 의미에서 우리 아이들이 온전하고 지혜로운 삶의 원칙에 마음의 중심을 세울 수 있도록 교육해야 할 것이다. 오직 돈을 위한 돈, 부자를 위한 부자가 되는 것이 아니라, 부자가 모두의 꿈이 겠지만 부자 그 자체가 목적이기 위한 꿈이 되어서는 아니 된다는 말이다. 부자가 됨으로써 좀 더 행복하게 잘살고자 함이 본질이지 않은가. 그렇기 때문에 본래 부자가 되고자 했던 삶의 본질, 근본이 무엇이었는가를 놓쳐서는 안 된다는 것이다.

그렇다면 부자로 살되 지혜로운 삶의 원칙을 놓치지 않으려면 어떻게 해야 하는가? 먼저 집착하지 않을 수 있어야 한다. 돈을 벌되 그 돈에 집착하지 않을 수 있다면 부유함 속에 정말 잘 사는 길이 있는 것이다. 부에 집착하지 않으면 더 벌더라도 혹 더 못 벌더라도 괜찮고 사업이 좀 실패를 해도 성공을 해도 괜찮으며 현재 있는 재산을 자유로이 불우한 이웃들에게 나누어 주더라도 괴롭지 않다. 집착이 없는 지혜로운 부자에게 있어 돈이란 그리 중요한 것이 아니다. 전적으로 나를 나일 수 있게 해 주는 결정적인 것이 아니다. 그것은 있어도 좋고 없어도 좋은 것이다.

있으면 있는 대로 나눌 수 있고 사회를 위해 무언가를 할 수 있으니 좋고, 없으면 없는 대로 절약하며 만족하고 살면 되니 그 것도 좋은 것이다. 그런 정말 잘 사는 부자에게 재산은 그리 큰 의미가 아니다. 돈보다는 삶 그 자체가 중요하며 존재 그 자체가 중요하기 때문이다.

단순히 소유가 많은 부자가 되기보다는 행복과 만족이 있는 부자가 되라. 더 많이 소유하기보다는 더 많이 의미 있고 가치 있게 존재하며, 더 빨리 달리기보다는 더 많이 멈추라. 참된 행복이란 그리고 정말 잘 사는 길이란 소유가 많은 것이 아니라 행복과 만족이 많은 것이며, 채움이 많기보다는 비움과 나눔이 많은 것이다. 그러기 위해서는 지금까지 빛의 속도로 달려 온 부를 향한 속도를 늦춰야 한다. 잠시 멈춰 설 수 있어야 한다. 멈춰 서야 비로소 보지 못하던 것들이 보이기 시작한다.

얼마 전 직장을 중간에 그만두게 된 한 가족이 있었는데 다들 퇴직을 걱정하는데 오히려 그 가족은 더 큰 것을 얻었다고 했다. 아내는 내 남편이 이런 사람이었는지 처음 알았다고 고백했다. 직장을 그만두고 났더니 아이들과 놀아주고 학교생활도 묻고 아내에게 사소한 관심을 보이더라는 것이다. 또 남편은 가족의 따뜻함과 사랑스러움을 비로소 알게 되었다고 했다. 처음으로 가족이 여행도 떠나고 등산도 다닌다고 좋아했다. 그동안은 오직 직장과 일 밖에 모르던 사람이 이제 비로소 작지만 정말 중요한 것에 눈을 뜨게 되었다. 그렇다고 그런 깨달음을 위해 직장을 그만두어야 하는 것은 아니지 않은가. 지금 이 순간에 우리가 생각을 조금만 달리 할 수만 있다면 얼마든지 작지만 소박한 행복에 눈뜰 수 있게 되는 것이다.

진정한 의미의 부자

이렇듯 부자를 향한 우리의 질주를 멈출 때 비로소 나 자신의 본연의 모습이 보이기 시작한다. 내 곁의 가족들에게도, 이웃들에게도 눈을 돌 릴 수 있게 되고 좀 더 가난한 이들을 향한 사랑의 마음도 꽃처럼 피어난다. 그 뿐 아니라 대자연의 고요함과 경이로움 그리고 지혜에 눈 뜨게 되며 내면의 깊은 존재 본연의 세계에도 눈을 돌리게 된다.

단순히 돈 많은 부자가 되지는 말라.
마음이 부유한 참된 부자가 되라.
참으로 잘 사는 부자가 되라.
못 사는 부자가 되지는 말라.

지금 이 세상에는 못사는 부자가 얼마나 많은가.
돈이 많지만 마음이 가난한 부자,
베풂의 행복을 누리지 못하는 부자,
아직도 벌어야 할 것이 너무 많은 부족한 부자,
마음을 비우지 못한 부자,
가족의 행복을 부유함 아래에 두는 부자,

꽁꽁 묶어두고 내보내지 못하는 부자,
있다고 펑펑 써대는 부자,
마음에 여유와 평화가 없는 부자,
기도와 명상과 고요한 사색이 없는 부자,
대자연의 경이로움에 눈뜨지 못한 부자,
그런 부자가 되지는 말라는 것이다.

돈은 없어도 마음이 풍요로운 부자,
이웃과 나눌 줄 아는 부자,
아끼고 절약할 줄 아는 부자,
마음에 평온과 여유가 있는 부자,
마음을 비우고 때때로 마음을 닦아가는 부자,
부유함이 언젠가는 떠나갈 것을 아는 부자,
돈과 재물에 집착하지 않는 부자,
기도와 명상으로 깨어 있는 부자,
오직 현재에 최선을 다하는 부자,
그런 부자가 되라는 것이다.

이것이야말로 가장 행복하고 가장 잘 사는 자의 모습이 아니겠는가?

중요한 것은 인간이 살아가면서 그 가치를 어디에 두는 것이 가장 바람직한 삶이될 수 있을까를 아이들에게 어려서부터 교육하는 것이다. 이렇게 바른 가치관을 가진 사람으로 섬기는 지도자가 되려면 몇 가지 갖추어야 할 요소가 있다.

첫째는 꿈과 비전, 그리고 사명이다.

두 번째는 꿈과 비전을 이루기 위한 탁월한 실력이다.

세 번째는 실력에 날개를 달아주는 역할을 하는 올곧은 인격이다.

비전(vision)과 사명(mission)

　우리의 아이들이 자신의 사명과 비전을 발견하지 못하기 때문에 엉뚱한 것에 가치를 두고 엉뚱한 것을 좇아가는 것은 아닌가? 인생의 목표가 분명하지 않기 때문에 성적 때문에 자살을 하기도 한다. 얼마 전 모 고등학교의 학생회장이 자신의 성적을 비관해 스스로 아파트에서 투신해 목숨을 끊었다는 보도가 있었다. 수능모의고사에서 100등 밖으로 밀려나서 부모님의 마음을 아프게 해 드렸다는 것이 이유였다. 그리고 "엄마, 마음 편히 사세요"라는 내용의 글을 남겼다. 그는 죽기 전에 30여 명의 친구들에게 "나 먼저 간다"는 내용의 문자 메시지를 보내고 베란다 창문으로 투신한 것이다.

　또한 얼마 전에는(2013.3.26.) "제 머리가 심장을 갉아먹는데 이제 더 이상 못 버티겠어요. 안녕히 계세요. 죄송해요"라는 메시지를 어머니에게 보내고 부산의 한 아파트에서 스스로 목숨을 끊은 아이도 있다. 그는 학업성적 전국 2%, 경북 포항의 자사고에서도 전교1·2등을 놓치지 않을 정도로 우등생이었지만 권모(16)군이 투신자살이라는 극단적인 선택을 한 이유는 모순적이게도 학업으로 인한 극심한 스트레스였다.

권모군의 투신자살 일주일 만인 2013년 4월 1일에는 대한민국 교육 1번지라고 할 수 있는 서울 강남의 대치동에서 고등학교 3학년인 김 모(17)군이 성적 스트레스로 아파트에서 몸을 던져 스스로 목숨을 끊었다.

지난 12일(2013.4)에는 의·치대 및 SKY대 합격률이 높기로 유명한 강남의 명문고등학교 3학년 김 모(18)군이 전날 본 모의고사 성적을 비관해 학교 옥상에 올라 투신 소동을 벌였다. 15일에는 현직 국회의원의 아들로 부러울 것이 없어 보이는 중학생 김 모(15)군이 경기도 일산의 한 아파트에서 투신자살했다.

지금 위기의 10대들이 자살로 내몰리고 있다. 통계청에 따르면 15~19세 청소년의 전체 사망 중에 자살이 차지하는 비중이 2000년 13.6%에서 2011년에는 36.9%로 급증해 어느새 사망원인 1위가 되었다. 10대가 자살을 택하는 주요 이유는 성적비관과 입시 스트레스라고 볼 수 있겠다. 그리고 자살을 생각해본 10대들 중 절반 이상(53.4%)이 "성적·진학문제로 자살충동을 느껴 봤다"고 대답할 정도이다.

전문가들은 10대들의 잇따른 자살이 우리사회의 입시위주 교육과 대학 서열화 등 잘못된 교육제도가 빚어낸 '사실상 타살'이라고 규정한다. 따라서 입시위주의 교육 시스템, 대학을 서열화하는 사회 분위기를 근본적으로 바꾸지 않는 한 정부가 내놓는 인성교육 등의 대책으론 한계가 있다고 입을 모으고 있다.

전상진 서강대 사회학과 교수는 "학습의 결과에 따라 사회적 위치가 결정되는 학습위계사회 또는 성과사회의 부정적인 단면으로 표출된 것이 바로 성적비관 자살"이라고 진단했다. 김진우 좋은교사운동 공동대표는 "국·영·수 중심, 수능 중심의 평가구조가 그대로 존재하는 한 인성교육을 통한 자살예방과 같은 정부 대책은 추상적인 구호에 불과하다"고 지적했다.

김세주 연세대학교 세브란스병원 정신과 교수는 "학생들의 문제를 세심히 관찰하고 상담할 수 있는 전문상담교사의 확대는 물론, 더 나아가 성적이라는 획일적 잣대만이 아닌 다양한 잣대로 인간을 평가하는 사회적 분위기가 정착돼야 할 것"이라고 조언했다.

큰 틀에서 인생의 목표가 중요하며 대학은 인생의 최종 목표를 이루기 위해 거치는 하나의 과정이라는 사실을 깨닫게 해 주는 것이 중요하다. 대학이 인생의 최종 목표인양 대학에 목숨을 거는 것은 결코 바람직하지 않다. 이렇게 인생에 있어서 목표가 분명한 아이들은 절대 엉뚱한 행동을 하지 않는다. 우리 아이들이 10대에 자신의 삶의 분명한 목표를 정하고 그것을 이루기 위해 최선을 다한다면 얼마나 좋겠는가? 인생에 있어서 목표가 뚜렷한 사람은 절대 엉뚱한 행동을 하지 않는다. 우리 아이들이 10대에 자신의 삶의 분명한 목표를 정하고, 그것을 이루기 위해 최선을 다한다면 얼마나 좋겠는가? 그런 의미에서 우리 아이들이 사명을 알아야 인생의 구체적인 비전을 세울 수 있는 것이다.

비전(vision)과 사명(mission)은 분명 다른 의미를 가지고 있다. 비전은 멀리 자신의 미래를 내다보면서 장차 이룰 미래에 대한 나의 계획, 또는 구상을 의미하지만 사명(mission)은 '내가 무엇을 위해 살다가 무엇을 위해 죽을까?'의 문제이다. 사명의 한자적 의미는 심부름 사(使), 목숨 명(命)인데, 뜻을 해석해보면 '나는 이 땅에 심부름 왔는데 그 임무를 완성하기 위해 목숨을 건다'는 의미이다. 스위스 사상가인 칼 힐티(Carl Hilty)는 "인간 생애 최고의 날은 자기의 사명을 발견하는 날이다"라고 말했다.

실존주의 철학자 키에르케고르는 22살 때 그의 일기에 이렇게 써놓았다.

온 세계가 무너진다 해도 내가 꽉 붙들고 놓을 수 없는 이념, 내가 그것을 위해서 살고 그것을 위해 죽을 수 있는 사명을 나는 찾아야 한다.

미국 16대 대통령이었던 에이브러햄 링컨은 19세에 시대적 사명을 깨달았다고 한다. 그는 스토우 부인이 쓴 『톰 아저씨의 오막살이』라는 소설을 읽고 노예 제도의 부당성을 인식하게 되었고 또한 노예 해방에 대한 인식과 각성을 새롭게 하면서 시대적 사명을 깨닫게 되었다. 그리고 자신이 이 땅에 존재하는 분명한 이유를 깨닫게 된 것이다. 즉 사명을 깨달은 것이다. 그의 사명은 노예를 해방시키는 것이었다. 그는 생각했다. "그렇다면 내가 이 사명을 이루기 위해, 즉 노예를 해방시키기 위해서 지금 당장 해야 될 일이 뭘까?" 그리고 그는 깨달았다. 노예해방은 대통령만이 할 수 있다는 것을……. 그래서 사명을 이루기 위한 하나의 통로로 대통령이 되기 위해 결심하게 된다. 그리고 비전을 세웠다. 다시 말하면 링컨에게 있어서 노예를 해방시키는 것이 그의 사명(使命)이라면 대통령은 사명(使命)을 이루기 위한 비전(vision)이요, 그의 목표였던 것이다. 이것이 자신이 이 땅에 존재하는 이유라는 것이다.

사명, 실력, 인격

우리의 아이들이 한 번 사는 인생, 귀하게 살아야 되지 않겠는가? 역사를 바꿀만한 위대한 인생을 살아야 되지 않겠는가? 그러기 위해서는 우리 자녀들이 먼저 10대에 인생의 분명한 목표를 정하도록 돕는 것이다. 그리고 인생의 목표가 정해졌다면 이제 그 목표를 이루기 위해서 두 번째로 갖추어야 할 것이 있다.

성공하는 사람이 되기 위해서는 두 번째 갖추어야 할 것은 탁월한 실력(Ability)이다. 이런 말이 있다. "빈 자루는 결코 홀로 설 수 없다." 자루에 내용물이 들어가야만 설 수 있다는 말인데 사람이 자고로 실력이 있어야 한다는 말이다. 그런데 우리가 알아야 할 것은 실력과 성적은 다르다. "성적이 좋으면 실력이 있다"는 말은 맞을 수도 있고 틀릴 수도 있다. 왜냐하면 성적이 좋다고 해서 반드시 실력이 있는 것이 아니기 때문이다. 예를 들면 영어 성적은 좋은데 외국인과 한 마디의 대화도 할 수 없다면 그 사람은 영어 실력이 없는 것이다. 역사 성적은 좋은데 역사의식도 없고 역사를 바르게 해석해 낼 수 있는 통찰력이 없다면 그 사람은 역사 실력이 없는 것이다.

교과서를 달달 외워서 시험을 잘 보면 성적은 좋을지 몰라도 그 성적이 진짜 실력이 되는 것은 결코 아니다. 진짜 실력은 다양한 분야에 폭넓은 지식이 있어야 되고, 그것은 학교에서 배우는 교과서에는 없는 것들이 대부분이다. 그렇다면 진짜 쌓을 수 있는 실력이 어디에 있는 것인가? 다양한 분야의 책과 다양한 분야의 경험에 있다. 그래서 10대에 많은 책을 읽어야 될 이유가 여기에 있고 다양한 분야에서 경험해 보아야 하는 이유가 여기에 있는 것이다. 그런 의미에서 우리 아이들이 어렸을 때부터 다양한 분야의 책을 섭렵할 수 있도록 하는 것이 중요하다. 지금 성공한 인생을 살고 있는 위대한 지도자들을 보라. 그들은 전부 10대에 책벌레들이었다. 우리 아이들이 어디에서 무엇을 하든 실력이 있어야 성공하는 것이다. 라면을 끓이든 빵을 만들든 무엇을 하든지 그 분야에서 탁월한 실력이 있으면 성공하게 되어 있다.

영향력 있는 지도자가 되기 위해서는 세 번째로 올곧은 인격 (Upright Personality)이다. 탁월한 실력을 우리 아이들이 갖는 것 중요하지만 그것 못지않게 중요한 것이 바로 올곧은 인격이다. 인격은 삶의 태도를 의미한다. 삶의 태도가 바르지 못하면 아무리 그가 탁월한 실력을 가지고 있다 할지라도 인정을 받지 못하는 것을 보게 된다. 그러므로 그 무엇보다 중요한 것은 삶의 바른 태도가 아닐 수 없다.

　셰익스피어는 "백합꽃이 썩으면 오히려 잡초 썩는 것보다도 훨씬 더 고약한 냄새를 풍긴다"고 했다. 참으로 의미 있는 말이 아닐 수 없다. 도덕적으로, 윤리적으로 항상 깨끗한 마음을 가진 정직한 자들로 키우자.

제5장

올곧은 인격을
가진 아이로
키워라

위대한 사람이 되려고 꿈꾸는 아이들은 많지만 위대한 사람이 되기 위해서 내가 무엇을 어떻게 준비해야 하는지를 전혀 모르는 아이들이 대부분이다. 또한 위대한 사람이 되려고 꿈꾸는 아이들은 많지만 선한 사람이 되려고 고민하는 아이는 거의 없다. 사실 위대함보다 선함이 어찌 보면 더 중요하지 않은가? 선한 사람은 다르게 표현하자면 올곧은 인격을 소유한 사람을 의미하는 것이다. 품격 있는 사람을 말한다.

위대한 아이로 키우기를 원하는가? 그렇다면 지성과 인성과 감성이 조화된 품격 있는 아이로 키워라. 자신의 감정을 스스로 다스리며 조절할 줄 아는 아이, 다른 사람을 섬기고 존중하면서 배려할 줄 아는 아이, 이런 아이가 품격 있는 아이이다. 즉 성숙하고도 올곧은 인격을 갖춘 사람이 최고의 경지에 이른 상태를 의미하는 '품격'은 부모가 자녀에게 물려주어야 하는 가장 소중하고도 가치 있는 황금과도 같은 유산이다. 그리고 위대한 성공의 밑바탕에는 항상 위대한 인격이 있다. 애쓰지 않아도 저절로 빛이 나는 압도적인 카리스마는 바른 인격에서 나온다는 사실을 기억하고 선으로 악을 이길 수 있는 올곧은 인격을 가진 아이로 키워라.

품격의 아이로 키워라

　미국 최고의 아동심리 전문가이면서 30년 동안 아동과 청소년 심리상담 클리닉을 운영해 온 정신과 전문의 엘리자베스 버거(Elizabeth Berger) 박사는 성공적인 '아이비리거(미국 동북부 지역에 있는 8개 대학 출신, 브라운대, 코넬대, 컬럼비아대, 다트머스대, 하버드대, 프린스턴대, 펜실베이니아대, 예일대)'를 만드는 인성교육에 대해서 전문가적인 제안과 방법론을 제시해 주고 있는데, 아이의 인격이 형성되는 과정을 꾸준히 연구해온 그는 미국의 많은 상류층 명문가 자녀들에게 인성교육, 리더십 교육에 대한 조언을 해 오면서 품위를 중시하는 미국 사회에서 기품과 예의, 공감능력과 포용력, 인내심을 기를 수 있는 여러 해법을 제시해 주고 있다.

　아이가 성숙한 인격을 갖추기까지 거치게 되는 과정을 단계별로 제시하면서 아이가 태어나서 다섯 살까지의 시기에 부모와의 관계에서 맺게 되는 친밀한 관계를 통해서 품격의 토대를 형성한다고 말한다. 그리고 그 이후 아이는 내면과 현실, 욕망과 좌절 사이의 격차를 깨달으면서 확고한 자아를 형성해 나가는데, 이

때 인격의 핵심 요소라고 할 수 있는 도덕성, 자제력, 자긍심, 배려, 책임감 등을 갖추게 된다는 것이다.

우리가 나름의 교육철학을 가지고 아이를 키우는데 중요한 것은 인고의 노력이 필요하다. 마음속에서 솟아오르는 화를 꾹 참을 수 있어야 되고, 거침없이 내뱉고 싶은 말도 걸러낼 줄 알아야 되고, 또 내 입장이 아니라 늘 아이의 입장에서 생각해보려는 피나는 노력은 어찌 보면 '고행'에 가깝다고 할 수 있다. 좋은 부모가 되기 위해서 이와 관련된 책도 읽으면서 노력을 해보지만 막상 그 이론을 삶에 적용할라치면 그 수많은 이론들이 무용지물이 되는 경우가 얼마나 많은가? 아이는 부모 머리꼭대기에서 놀면서 아주 영악하게 행동을 하지, 또 그 행동은 청개구리와 같지, 이런 상황에서 이성적으로 아이를 대하기가 어려운 것도 사실이다.

이런 과정을 통해서 절실히 느끼게 되는 것은 아이를 바른 인격의 소유자로 만들어 가는 과정은 부모인 내 자신의 인격을 바르게 만들어 가는 과정이라는 것이다. 그니까 아이를 키우면서 부모 자신도 사람이 되어 간다는 의미이다. 좋은 부모가 된다는 것이 이렇게 힘들고 고달픈지, 아이를 제대로 키우기 위해서는 박사학위 10개라도 부족할 지경이다. 그런데 확실하게 말할 수 있는 것은 아이를 제대로 키울 수 있는 지혜와 능력은 부모의 그릇에서 비롯된다. 부모가 어떤 교육철학의 마인드를 가지고 아이를 가르치는가가 중요하다는 것이다.

그리고 우리는 아이가 부모의 말에 순종하기를 바라고 그런 아이가 착한 아이라고 생각할 수 있겠지만 성숙한 인격의 기초가 되는 것은 부모가 아이의 말에 귀를 기울이면서 공감해 줄 때라는 사실을 잊지 말아야 한다. 학교에서의 인성교육도 중요하지만 가정에서의 인성교육이 더 중요하다는 것을 한시도 잊어서는 안 된다. 그리고 가정에서의 인성교육은 그렇게 거창한 것도 아니다. 늘 아이와 친밀한 관계 속에서 아무리 사소한 것이라 할지라도 들어주고 안아주고 사랑해 주고 슬플 때는 함께 슬퍼해 주고, 기쁠 때도 함께 기뻐해 주고, 관계가 틀어졌을 때는 곧바로 화해하고, 이런 모든 과정이 아이가 올곧은 인격자로 성장해 가도록 돕는 가치들인 것이다. 부모가 얼마만큼 사랑해 주고 존중해 주는가가 중요한데 아이는 사랑받고 존중받은 만큼 인격이 자라가게 된다.

부모의 모든 행동을 통해 자신과 타인을 소중하게 여기는 사랑의 방법을 배우게 된다. 그리고 부모를 공경하고 효가 무엇인지를 제대로 배운 아이는 곁길로 가지 않고 늘 자기 자신을 바른 길로 이끌어 간다. 내 아이가 심지가 깊은 아이로 자라기를 원하는가? 그렇다면 부모가 권위를 가지고 때로는 강함으로, 때로는 부드러움으로 아이를 가르쳐 보라. 그러면 아이는 어떤 위기상황에서도 굴하지 않고 모든 일에 책임감을 가진 사려 깊은 아이로 자라게 될 것이다.

자신의 감정 표현이 서툰 아이들이 있다. 감정 표현이 서툰 아이는 감정 조절 또한 서툰 아이가 된다. 그렇기 때문에 감정 표현을 솔직하게 할 줄 아이로 키우라. 자신의 감정을 제대로 표현할 줄 아는 아이가 자신의 감정을 제대로 조절할 수 있는 능력도 생기는 법이다. 기분이 좋으면 왜 좋은지, 기분이 나쁘면 왜 나쁜지 자신의 감정을 솔직히 표현할 줄 아는 아이로 키워라. 또한 무엇이 옳고 무엇이 그른지, 옳고 그름을 판단할 수 있는 능력, 그리고 당장 눈앞의 이익보다 궁극적인 가치를 우선하는 판단력은 도덕성에서 나오는 것들이다. 결정적인 순간에 바른 판단을 할 수 있는 도덕성을 길러주는 것이 중요하다.

그런데 이런 교과서적인 이론을 가지고 아이를 가르치지만 좋은 결과가 바로 나타나지 않아서 좌절하고 얼마 못가서 포기하는 경우가 많다. 타이르고 가르친다고 해서 아이가 당장 바뀌지는 않는다. 한 동안 말을 잘 듣는다 싶다가도 어느 순간에 반항을 하고 청개구리처럼 행동을 하고 부모의 속을 벌컥 뒤집어 놓는 일이 얼마나 많은가? 그러기에 인내가 필요하다.

그리고 끝까지 기다려 주는 것이 중요하다. 그런데 우리는 기다려 주지 못하고, 참지 못하고 자라고 있는 아이의 인격의 싹을 잘라 버리는 경우가 많다. 아이의 말을 무시하고, 중압감을 주기도 하고, 비난하는 말을 하기도 하고, 화풀이로 해서는 아니 될 말을 하기도 하고, 아이의 가능성과 의지를 단번에 꺾어 버리는 말을 하기도 하고 다른 아이들과 비교하는 말을 하기도 한다.

엘리자베스 버거(Elizabeth Berger) 박사는 부모가 아이의 품격의 싹을 자르는 10가지의 말을 결코 해서는 안 된다고 말한다.

옆집 애는 이번에도 전교 1등을 했다는데……
하지 마! 안 돼!
그럴 줄 알았어. 네가 하는 게 그렇지 뭐!
너 때문에 못 살아!
무조건 엄마가 시키는 대로 해!
도대체 커서 뭐가 되려고 그러니?
애들은 몰라도 돼.
넌 누구를 닮아서 이 모양이니?
네가 형이니까 양보해야지!
무슨 여자애가 이렇게 고집이 세니?

참 공감이 가는 말들이다. 이렇게 부모의 인고의 노력이 없이는 아이를 올곧은 인격자로 만들어간다는 것은 불가능한 일이다. 그리고 부모의 매일 매일의 노력으로 빚어지는 아름답고 소중한 사랑의 결실이 바로 인격이라는 열매인 것을 기억해야 한다. 결국 바른 인격이 아이로 하여금 위대한 아이가 되도록 성장시키고 발전시켜 가는 큰 동력이 되는 것이다.

인성교육이 무너진 현실

요즘 아이들의 인성이 어느 정도인가를 한 가지 예를 들어 보면, 서울 모 대학의 교수로 재직하고 있는 한 교수의 이야기다. 저녁 식사를 같이 하는데 아들이 보니까 아버지의 표정이 매우 속이 상해 있는 표정이었단다. 그래서 아들이 아버지에게 학교에서 무슨 일이 있으셨냐고 물었다. 그러자 아버지가 머뭇머뭇 하다가 말문을 열었다.

아침에 차를 타고 학교에 들어가서 교수 전용 주차장에 주차를 하고 차에서 내리는데 바로 옆에 검은색 BMW 한 대가 주차를 했고 좀 어려보이는 학생이 그 차에서 내렸다.

교수가 그 학생에게 물었다.

"저기, 학생인 것 같은데, 미안하지만 여기는 교수님들 전용 주차장이니까 다른 곳에 주차하면 안 되겠나?"

그러자 학생이 화를 벌컥 냈다.

"아이씨! 아침부터 짜증나네. 교수님, 저 어차피 수업도 없고 여친(여자친구) 데리러 온 거니까 1시간만 주차해 놓을게요. 뭐 어차피 평소에 보니까 여기 자리도 항상 한두 자리 비어 있던데."

"그래도 여긴 교수님들이 주차하셔야 되는데 다른 곳에 주차하는 것이 예의 같은데?"

그러자 그 학생의 대답이 예술이었다.

"아 정말, 교수님, 이 차가 얼마짜린지나 아세요? 길거리에 주차했다가 누가 흠집이라도 내면 교수님이 책임지실 거예요? 이 차 한 번 흠집 나면 얼마 깨지는지 알기나 하시나? 그냥 여기다가 1시간만 주차하고 갈 테니까 교수님은 빨리 가서 수업이나 하세요."

학생은 이렇게 말하고는 교수를 보고 한 번 씩 웃더니 담배를 꺼내 물고는 어디론가 사라졌다. 교수는 너무나도 황당하고 기가 막혀서 그 뒤 그 학생의 뒷모습을 한참 동안 바라볼 수밖에 없었다.

그 후 한 번 더 황당한 일이 있었다.

꽤 시일이 지났는데 그 날은 교직원들이 건강검진을 받는 날이었다. 강의를 마치고 검진을 받기 위해 차를 타러 주차장에 갔는데 우연찮게 또 그 학생을 만난 것이다. 그 학생은 여자친구와 손을 잡고 걸어오고 있었다. 교수가 그 학생을 쳐다보다가 눈이 마주쳤다.

그러자 그 학생이 또 한 번 씨익 웃으며 교수에게 먼저 "왜요? 요즘 교수들은 주차딱지도 끊으세요? 부업인가?"라고 말했다.

그리고 그 옆에 있던 여학생도 함께 하하하 웃다가 "야 빨리 가자, 늦었어!" 하고는 남학생과 같이 차를 타고 어디론가 가 버렸다.

모든 아이들이 그런 것이 아니겠지만 인성교육이 무너진 현실을 그대로 보여주고 있는 얘기가 아닌가 생각을 해본다. 공교육이 아이들의 인성교육을 책임져 주지 못한다면 가정에서라도 부모들이 아이들의 인성교육을 제대로 시켜야 옳은 것이다. 그렇다면 우리 아이들을 어떻게 교육을 해야 성공하는 아이로 키울 수 있는 것인가? 선한 성품을 가진 아이로 키워야 할 것이다. 어디 공동체든지 그 공동체 안에는 이런 사람들이 있다. 일명 '삼척(?)' 출신들이 많은 것을 보는데, 아는 척하는 사람, 있는 척하는 사람, 잘난 척하는 사람. 이런 사람들을 가리켜서 바로 삼척 출신이라고 말을 한다. 바르지 못한 모습이라고 할 수 있다.

정말 많이 알아도 모르는 척하고 많이 가졌어도 소박하고 없는 사람들을 배려하면서 베풀고 나누면서 도리어 없는 척할 수 있는 마음, 그리고 정말 잘났지만 좀 어수룩한 척 할 수 있는 그런 착한 마음, 이런 성품의 소유자가 바른 인격의 소유자가 아니겠는가?

바보철학의 진수

조선시대에 정판교라는 관리가 있었는데 이 사람은 많은 고아들을 돌보면서 가뭄이 들면 백성들을 구제하기 위해서 자신의 녹봉을 가지고 구제하는 일에 힘썼던 아주 청렴한 관리였다. 그가 쓴 『바보경』이라는 책이 있는데 이 책의 핵심이 뭐냐면, 지혜롭지만 조금은 어수룩한 척하고, 기교가 뛰어나지만 서툰 척하고, 언변이 뛰어나지만 어눌한 척하고, 강하지만 부드러운 척하고 곧지만 휘어진 척 했던 옛 사람들의 지혜를 말해 주고 있다.

한 마디로 남을 배려하는 바보철학의 진수를 보여주는 책이라 할 수 있다. 바보철학을 한 마디로 표현하자면, 총명함을 어수룩함에 감출 수 있는 지혜, 즉 속으로는 지혜로우나 겉으로는 어리석은 내지외우(內智外愚)의 마음이라고 할 수 있다. 큰 지혜를 지녔으되 어리석은 척 하라는 말입니다. 사실 이런 모습이 올곧은 인격의 최고의 모습이라고 할 수 있다. 그리고 그 올곧은 인격의 중심에는 정직성과 성실성, 그리고 배려가 있다.

성실성

애플사의 CEO였던 스티브 잡스를 익히 알고 있을 것이다. 스티브 잡스는 애플회사의 창립자이면서, 세계 최초의 PC개발자라고 할 수 있다. 그러던 그가 지난해 10월 6일 췌장암으로 세상을 떠났다.

스티브 잡스는 애플 컴퓨터로 개인용 컴퓨터 시대를 열었던 사람이고 매킨토시 그래픽 기반의 운영 체제 시대를 열었던 사람이다. 또한 매킨토시와 결합한 레이저 프린터로 출판 혁명을 일으키기도 했고 또 픽사를 통해 컴퓨터 애니메이션의 시대를 열기도 했고 아이팟으로 음악 시장을 뿌리부터 바꾸어 놓기도 했던 사람이다.

또한 아이폰으로 휴대폰 시장을 재창조하더니 아이패드로 새로운 포스트 PC시대를 열기도 했고 이렇게 세상을 바꾸어놓은 스티브 잡스의 업적을 인정할 수밖에 없게 만든 것은 스티브 잡스의 열정이라고 할 수 있다. 그가 살아생전에 제2의 하버드 대학교라고 할 수 있는 캘리포니아 주에 있는 스탠퍼드 대학교 졸업식에서 2005년도 졸업생들에게 한 연설은 명연설 중에서도 최고라

할 만하다. 스티브 잡스는 평소 자신에 대한 말을 잘 하지 않았던 것으로 유명한 사람인데 그는 졸업생들에게 처음으로 자신의 어릴 적 이야기부터 시작해서 자신이 살아온 경험과 가치에 대해 말했다.

특별히 잊을 수 없는 대목은 "Stay Hungry. Stay Foolish"이다. "늘 갈망하고, 우직하게 나아가라"는 뜻이다. 이것을 다른 말로 표현하자면 필자가 학생들에게 늘 강조하는 말이 있는데 불광불급(不狂不及)이라는 말이다. 여기서 불광불급(不狂不及)의 뜻은 "미쳐야 미친다"는 그런 의미이다. 무슨 일을 하든지 몰입해야 이룰 수 있다는 뜻이다. "Stay Hungry. Stay Foolish"가 바로 이루고자 하는 일에 미쳐야 그 목표에 이를 수 있다는 그런 뜻이 아니겠는가? 즉 무슨 일을 이루고자 하는 열정(passion)이라고 할 수 있다.

스티브 잡스가 이 엄청난 일을 이룰 수 있었던 것도 바로 그의 끊임없는 열정이라고 볼 수 있다. 특별히 그는 매킨토시 컴퓨터를 만들 때 박스 안에 들어가는 모든 회로 기판까지도 철저하게 검사를 하면서 메모리 칩, 그리고 보이지는 않지만 모든 기기를 연결하는 선들조차도 최대한 아름답게 만들도록 철저하게 지시를 했다. 우리는 쉽게 생각할 수 있다. 박스 안에 들어 있기 때문에 보이지도 않는데 그냥 대충 정리해도 되지 않겠는가? 이렇게 생각할 수 있겠지만, 스티브 잡스는 보이지 않는 곳일수록 더 잘 만들어야 한다고 직원들을 교육했다는 사실이다.

마찬가지로 어떤 사람이 훌륭한 목수일까? 장롱을 만드는 훌륭한 목수는 아무도 보지 않는다고 장롱 뒤쪽에 질이 좋지 않은 저급한 나무를 쓰지 않는다. 왜냐하면 사람들은 볼 수 없을지 몰라도 그 장롱을 만든 목수 자신은 알고 있기 때문에... 스티브 잡스 역시도 컴퓨터 본체가 박스로 덮혀 있어서 보이지 않는다고 대충 만들지 않았다. 보이지 않는 곳일수록 더 아름답게 꾸미도록 했다는 사실이다.

성경에 보면, "사람을 기쁘게 하는 자와 같이 눈가림만 하지 말고, 오직 주를 두려워하여 성실한 마음으로 하라"(골3:22)는 말씀이 있다. 누가 보든지 그렇지 않든지 간에 성실함으로 최선을 다하는 그런 성품을 가질 수 있도록 우리 아이들을 어려서부터 가르쳐야 할 것이다. 이렇게 성실한 사람이 나중에 모든 사람들에게 인정을 받을 뿐만 아니라 훌륭한 사람이 되는 것이다. 큰일이든 작은 일이든 성실함으로 최선을 다하는 그런 사람을 보면 감동이 되고 어디를 가든지 모든 이들에게 인정받고 사랑받는 귀한 자녀들이 되는 것이다.

올곧은 인격을 가진 성공하는 자녀를 만들기 위해서는 어려서부터 성실할 수 있는 좋은 습관을 갖도록 하는 것이 무엇보다 중요하다. 성공하는 자녀로 키우려면 부모님의 지속적인 관심과 사랑으로 이루어진다는 사실을 기억하면서 부모가 먼저 모범을 보여주어야 할 것이다.

부모가 늘 좋은 생각을 하고, 선한 생각을 하게 되면 아이들도 좋은 생각, 선한 생각을 하게 될 것이고, 부모가 좋은 행동을 하고, 선한 행동을 하게 되면 아이들도 좋은 행동, 선한 행동을 하게 될 것이다. 이런 좋은 생각과 선한 행동이 결국은 아이의 좋은 습관이 되고, 그 좋은 습관이 아이의 올곧은 인격을 형성하게 되고, 올곧은 인격이 결국은 아이의 삶(운명)을 결정하게 된다는 사실이다.

정직성

2011년 12월 국가별 부패인식지수(Corruption Perception Index, CPI)에 따르면 우리나라는 10점 만점에 5.4점으로 183개 나라 중에 43위를 차지했다. 반면 뉴질랜드는 9.5점을 받아 가장 투명한 나라로 인정받았고, 핀란드, 덴마크가 2,3위로 그 뒤를 이었다. 이제는 영토의 크기, 천연자원의 유무, 경제규모로 선진국을 가름하는 시대는 지나갔다. 국민의 도적 수준이 높은 나라일 때 비로소 선진국의 면모를 갖추고 다른 나라들이 선망하는 모델이 된다. 사람들은 공정하고 투명한 국가를 방문하고 싶어 하고 그들이 만들어 내는 제품을 선호한다. 국가의 정직성이 세계들의 인식 속에 믿을 수 있다는 신뢰를 심어주고 이것은 곧 경제적 이익을 창출하는 것이다. 성경에서 "악한 자의 집은 망하겠고 정직한 자의 장막은 흥하리라"(잠4:11)고 기록하고 있다. 개인과 공동체 그리고 더 나아가 국가가 생존하고 번영할 수 있는 필수 조건이 정직성이라고 해도 과언이 아니다. 그래서 마틴 루터는 "한 나라의 국력은 군사력, 경제력, 정치력에 있는 것이 아니고 성품 좋은 국민이 얼마나 있느냐에 달려 있다"고 말했다.

성품이 바로 그 나라의 국력이고 성공하는 사람들의 필수적인 자질인 것이다. 그런데도 많은 사람들이 정직하면 손해 본다는 인식들이 아직도 만연하고 있다. 정직함으로 오는 유익은 무엇보다도 처음에는 손해를 보는 것 같아도 결국은 신뢰를 얻어 성공에 이르게 되는 것이다. 정직은 어떠한 상황에서도 생각, 말, 행동을 거짓 없이 바르게 표현하여 신뢰를 얻는 것이다. 성공하는 사람들의 뒷면에는 결국 정직함으로 신뢰를 얻어 성공한 사례들이 빠지지 않고 있다. 결국 정직의 성품이 성공이고 좋은 리더십이 되는 것이다. 아이들이 정직한 성품을 갖도록 하기 위해서는 '분별력'을 먼저 가르쳐야 한다.

분별력이란 선과 악을 분별하는 능력을 기름으로서 옳고 그름의 세계를 알고 올바른 길로 자신을 이끌어 갈 수 있는 능력을 기르게 하는 정서적 덕목이다. 그리고 분별력은 어렸을 때부터 올바른 가치관이 형성될 때만 가능한 덕목이다. 우리가 유치원에서 배운 대로 세상을 살아간다면 얼마나 아름다운 세상이 되겠는가? 우리가 이 세상을 어떤 마음으로, 어떤 삶의 자세로 살아야 할 것인가? 어떤 사람이 되어야 할 것인가? 이 모두를 우리는 이미 유치원에서 배우지 않았던가? 로버트 풀검이 쓴 『내가 정말 알아야 할 모든 것은 유치원에서 배웠다』에서 그는 유치원에서 배운 대로만 산다면 이 세상은 천국이 될 것이라고 말한다.

무엇이든지 나누어 가지라.

공정하게 행동하라.

남을 때리지 말라.

사용한 물건을 제자리에 놓아라.

자신이 어지럽힌 것은 자신이 치우라.

내 것이 아니면 가져가지 말라.

다른 사람을 아프게 했으면 미안하다고 말하라.

음식을 먹기 전에는 손을 씻으라.

변기를 사용한 뒤에는 물을 내리라.

따뜻한 과자와 찬 우유는 몸에 좋다.

균형 잡힌 생활을 하라.

매일 공부도 하고, 생각도 하고, 그림도 그리고, 노래도 부르고, 춤도 추고, 놀기도 하고, 일도 하라.

매일 오후에는 낮잠을 자라.

밖에 나가서는 차를 조심하고 옆 사람과 손을 잡고 같이 움직이라.

우리가 알아야 할 모든 것이 이 속에 들어 있지 않은가? 황금률과 사랑과 기본적인 위생, 그리고 환경과 정치와 평등과 건강한 삶까지도……. 여기에서 아무 것이나 하나를 골라 세련된 어른의 말로 고쳐서 가족, 일, 정부, 기업, 정치, 교육, 세계, 모든 분야에 적용해보면 딱 들어맞고, 분명하며, 확고해진다. 모든 나라가 사용한 물건을 제자리에 놓는 것과 자신이 어지럽힌 것을 자신이 치우는 것을 기본 정책으로 삼는다면 어떻게 될지 생각해보자. 그런데 우리 어른들은 실제 생활에서는 전혀 동떨어진 교육을 하고 있지는 않은가 깊이 생각해보게 하는 어느 일간지의 "글로벌 에티켓"이라는 주제의 광고가 있다.

지하철에서 어떤 아이가 아이스크림을 먹고 있는데 아이스크림의 껍질을 손에 들고 있었다.
그때 엄마가 아이에게 이렇게 말했다.
"껍질을 왜 안 버리고 있니?"
"쓰레기통이 없어요."
그러자 엄마는 아이에게서 아이스크림 껍질을 확 뺏어 바닥에 던지면서 이렇게 말했다.
"얼른 버려야지, 손에 지지 묻잖아?"
그때 아이가 엄마에게 이렇게 말했다.
"엄마! 학교에서 선생님이 아무데나 쓰레기 버리지 말라고 했단 말이에요."
"시끄러!"

이 엄마도 틀림없이 "아이에게 착한 아이가 되어야 한다", "정직하게 살아야 한다", "거짓말해서는 안 된다", "선생님 말씀, 부모님 말씀에 순종해야 한다" 등등 별별 교육을 다 했을 것이다.

그런데 지금 사회 전체가 이렇게 거대한 거짓과 위선 속에 움직이고 있는 것이다. 하나같이 정직을 외치고 있지만 그것은 단지 구호일 뿐 실제적인 삶과는 너무나도 동떨어진 아이러니가 아닐 수 없다. 정직은 사회 전체를 지탱해 주는 중심이고 사회 전체가 바르게 돌아가게 하는 힘이다. 부모들이 아이들을 가정에서 정직의 성품을 키워주는 방법을 알아보자.

첫째, 정직이란 아무도 없어도 옳은 일을 선택할 수 있는 용기라고 가르쳐야 한다.

진정한 용기는 아닌 것은 '아니오'라고 하고, 내가 잘못한 것은 "예, 제가 잘못했습니다" 하고 변명하지 않고 솔직하게 말하는 것이다. 손해가 되더라도 자신의 생각과 행동을 솔직하게 표현할 수 있는 용기이다.

둘째, 부모는 먼저 정직의 신념을 확고히 하고 모범을 보여 주어야 한다.

자녀들의 성품은 부모들이 보여주는 작은 일상을 통해 개발된다. 세금을 정직하게 납부하거나 교통법규를 잘 지킨다거나 작은 일이라도 투명하게 처리하는 것 등 올바르게 선택한 정직한 행동에 대해 자녀에게 보여주고 자세히 이야기해 주어서 정직의 성품이 모델링되도록 가르쳐 주어야 한다.

셋째, 속임수나 거짓말이 어떤 결과를 가지고 오는지 알려 주어라.

정직의 열매는 신뢰이다. 반대로 거짓은 신뢰를 얻지 못한다. 신뢰를 얻지 못한 사람과 아무도 친구가 되지 않으려고 하고 외톨이가 될 수도 있다는 사실을 알려 주어야한다.

넷째, 자녀가 정직하지 못한 행동을 했을 때는 그 자리에서 즉시 짚고 넘어가라

아무도 없는 곳에 데려가 일대일로 이야기를 나누어야 한다. 공개적인 훈계는 상황을 더욱 악화시킬 수 있기 때문이다. 말과 행동은 최대한 침착하게 하고 무엇보다 자녀의 특정행동에만 초점을 맞추어라. 부정직한 행동이 반복될 경우 그에 따른 벌칙을 정해 주어라.

다섯째, 자신의 결심을 여러 번 반복할 수 있도록 도와주어라.

옳고 그름을 선택해야 할 상황 가운데서 자신의 결심을 여러 번 반복하여 확인하고 말하는 습관을 기르면 나도 모르는 사이에 자기 확신을 갖게 된다. 따라서 어떠한 상황이든지 옳다고 생각되는 것을 물러서지 않는 힘을 기르게 되는 것이다.

여섯째, 정직한 행동에 대해서는 칭찬해 주어라.

결과에 대해서만 칭찬하는 것이 아니라 정직한 행동을 한 과정까지 세심하게 칭찬해 주라. 칭찬과 격려는 자녀의 정직한 성품을 발달시키게 될 것이다. 벤저민 프랭클린은 "정직과 성실을 그대의 벗으로 삼아라. 아무리 친한 친구라 하더라도 마음속에 있

는 정직과 성실만큼 그대를 돕지 못한다. 백 권의 책보다 한 가지 성실한 마음이 사람을 움직인다"고 말했다. 이렇게 올곧은 인격을 가진 아이로 키우려면 정직한 마음과 성실한 마음이 늘 아이들의 중심을 지탱해 줄 수 있도록 교육해야 할 것이다.

대나무처럼 곧지만 유연성을 가진 아이들로 키워야 할 것이다. 대나무하면 '곧다'라는 상징적 의미가 있다. 그런데 대나무를 자세히 보면 대나무처럼 곁가지를 많이 둔 나무도 드물 것이라 생각을 한다. 뿌리부터 수많은 곁가지를 데리고 하늘로 올라가는데 그렇게 곧다는 대나무는 수많은 곁가지를 데리고 자라지만 그 곁가지에는 더 많은 나뭇잎을 또 자라게 하는 것을 본다. 대나무는 이렇게 수많은 곁가지와 이파리들을 데리고 자라지만 정작 자신의 몸은 곧게만 자란다. 그리고 또 대나무는 어떤가? 곧다는 의미는 어떻게 보면 뻣뻣하다는 의미가 포함되어 있기도 하다. 그러나 대나무는 곧아서 뻣뻣하지만 또한 바람에도 유연한 것을 보게 된다. 즉 유연하면서도 곧을 수 있다는 것이다. 그 유연성 때문에 대나무로 휘어지는 활도 만들 수 있다.

또한 대나무는 하늘을 향해 곧게 자라면서 잠깐 멈칫하면서 마디 하나를 만들어 놓고 또 하늘을 향해 오르다 또 멈칫하여 마디 하나를 만드는 여유로움을 보여 준다. 그 여유로움이 대나무를 유연하게 할 뿐만 아니라 견고하고 튼튼한 대나무로 성장하게 만들기도 한다. 우리는 그렇게 곧다는 대나무를 통해 귀한 삶의 철학을 배우게 된다. 많은 곁가지를 데리고 성장하면서 비바람에도 유연하고 마디마디를 내면서 여유로움을 보여 주기도 하면서 자라나는 대나무, 오늘도 이 대나무는 하늘을 향해 곧게만 자라간다.

할 수만 있다면 우리 아이들을 이런 대나무와 같은 존재로 키워야 할 것이다. 우리 아이들이 이렇게 대나무처럼 여유를 통해 만든 그 마디마디가 도리어 대나무를 튼튼하게 만들듯이 빠르게 변화하는 세상에서 느리게 산다는 것의 의미를 생각해보면서 여유를 가지고 앞뒤좌우를 돌아보면서 아이들의 삶을 견고하게 하면서 살아가도록 키워야 할 것이다.

또한 뻣뻣하지만 결코 교만한 것이 아니라 유연함으로 온갖 바람에도 견디는 대나무처럼 뻣뻣하게 그리고 올곧게 자라지만 결코 고집과 아집이 아니라, 오기와 허세가 아니라 때로는 상대방에게 져줄 수도 있는 넉넉한 마음으로 살아가도록 키워야 할 것이다.

배려

우리 사회의 한 단면을 보여주는 남을 이겨야만 직성이 풀리는 비뚤어진 경쟁심으로 살아가는 한 젊은 박사의 이야기다.

H박사는 학창시절 단 한 번도 1등을 놓쳐본 적이 없었다. 장학생으로 서울대를 다녔고 아이비리그의 박사과정을 무사히 끝마쳤다. 그야말로 최고 수재의 길만 달려온 셈이었다. 그러니 세계 최고의 인재들이 모인다는 맥킨지가 그에게는 당연한 선택이었을 것이다. 이 청년은 무슨 일을 맡든지 간에 단연 돋보였다. 특별히 팀을 이루어서 프로젝트를 수행할 때면 예리한 눈매는 사람을 한순간에 사로잡기에 충분했다는 것이다. 그 예리한 눈매로 사람들을 쳐다보면서 날카롭게 질문을 던지면 누구든지 움찔하게 되고 초긴장을 하게 된다는 것이다. 그런데 이처럼 자타가 공인하는 1등 수재 H박사에게는 안타깝게도 치명적인 단점이 있었다는데, 1등병이라고 해야 할까,

이 H박사에게 있어서 모든 사람은 딱 두 종류로 나누어 생각을 한다는 것이다. 자신의 경쟁자가 아니면 바보, 두 종류로 모든 사람을 생각한다. H박사는 자기처럼 비범한 수재의 길을 걸어온 사람들은 모두 경쟁자로 여기며 경계하고, 그렇지 못한 평범한 사람들은 전부 바보로 여기는 경향이 있다는 것이다. 쉽게 말해서 H박사에게 있어서는 동료도 없고 친구도 없고 오로지 물리쳐야 할 적 아니면

무시해도 되는 무의미한 존재들만 있을 뿐이다.

물론 명석한 사람이기 때문에 자기 속내를 사람들 앞에서 섣불리 내보일 리는 없다. 하지만 사람인 이상 회사생활을 하다보면 스트레스를 받는 일도 있고, 일이 제대로 안 풀려 좋지 않은 상황이 닥칠 수도 있는 법이다. 그럴 때면 여지없이 자신의 속내를 드러내곤 한다. 사람들은 그런 모습을 보고 조금씩 그의 태도에 질리기 시작하는 것이다. 보통 컨설팅 회사나 로펌 같은 프로페셔널 회사에서 임원급으로 승진하기 위해서는 다른 파트너들의 동의가 있어야 한다. 능력을 인정하는 한두 명의 보스가 있다고 해서 파트너로 승진하는 일은 거의 없다.

H박사는 30대 중반에 이르기까지 1등으로만 달려온 인생답게 업무성과는 나무랄 데가 없었다. 하지만 그는 다른 사람들을 이끄는 인성 능력이나 팀 리더로서의 지휘능력에 있어서 심각한 주의가 요구되는, 그야말로 위험인물로 인식되기 시작했다. 그래서 그의 실력을 아깝게 여긴 한 선배가 그를 조용히 불러서 마음을 터놓고 대화를 나누었다. "자네의 능력은 정말 뛰어나지만, 자네가 인간관계의 결점을 극복하고, 새로운 자세로 다시 태어나지 않으면 자네는 파트너로 승진하기 힘들 것"이라고 조언을 해 주었다. 이런 충고를 H박사는 한 번도 들어본 적이 없었던 것이다. 그 충고를 듣고 난 다음부터 자신의 행동이 정말 잘못된 것이라는 사실을 깨닫고 바뀌지기 시작했다.

그리고 얼마 후에 그는 임원(Principle, 컨설턴트 중 투표로 선출되며 컨설팅 팀을 이끌고 프로젝트 전반을 관리하는 초급 파트너)으로 선출되었다.

　이것은 실제로 우리 사회에 이렇게 인성과 리더십이 부족한 '1등 중독자'들이 너무나 많다는 증거이다. 바른 인성을 기르는 데 가장 중요한 시기인 유년기와 청소년기에 우리는 점수로만 모든 것을 평가받는다. 전교 석차와 수능 점수로 인정받은 수재들은 자기가 평가받은 그 기준으로만 다른 사람들의 가치를 매겨버리는 것이다. 제2, 제3의 이런 친구가 이끄는 조직을 한 번 상상해 보자. 현기증이 날 지경이다. 그런 반쪽짜리 인재는 다양하고 변화무쌍한 글로벌 사회에서 결코 환영받지 못하는 것이다. 처음에는 승승장구하는 것처럼 보이지만 곧 인간관계라는 벽에 부딪쳐 크게 좌절하는 일이 생길 것이다. 그리고 1등을 놓치게 되면 곧 인생을 포기하기라도 할 듯, 비장하게 지켜온 점수와 자존심은 한순간에 무너지는 것이다. 배려라는 것이 있을 수가 없다.

　그런데 세상을 이끌어 가는 사람들의 공통점은 하나같이 '타인을 대하는 자세'가 남다르다는 사실이다. 그런 의미에서 '21세기 성공 키워드'가 무엇인지 아는가? 배려이다. 사람의 마음을 움직이는 힘이 바로 배려이다. 그렇다면 배려가 뭘까? 바바 하리다스라는 사람은 배려를 이렇게 정의했다.

앞을 못 보는 사람이 밤에 물동이를 머리에 이고, 한 손에는 등불

을 들고 길을 걸었다.

그와 마주친 사람이 물었다.

"정말 어리석군요. 앞을 보지도 못하면서 등불은 왜 들고 다닙니까?"

그가 말했다.

"당신이 나와 부딪히지 않게 하려고요. 이 등불은 나를 위한 것이 아니라 당신을 위한 것입니다."

세상을 바꾸는 것은 힘이 아니라 배려이다. 모든 것을 아낌없이 내어줄 때 비로소 나에게 돌아온다. 이것이 배려의 계산법이다. 더하기와 곱하기에 익숙해져 있는 이 시대에 나누기의 참 의미와 매력이 바로 배려에 있는 것이다. 나눔으로써, 그리고 버림으로써 2배로 얻어지는 그 행복, 그런 의미에서 배려는 내가 먼저가 아니라 '너'를 위한 작은 몸짓이라고 할 수 있다. 이런 배려의 마음을 어렸을 때부터 몸에 배이도록 가르치는 것이 아이를 성공으로 이끄는 키워드라는 사실을 기억해야 한다.

제6장

공부해서
남 주는 아이로
키워라

부모들은 자녀들에게 흔히들 '공부해서 남주냐!'고 말하지만 성공하는 자녀로 키우려면 '공부해서 남 주는 아이가 되라'고 가르쳐야 할 것이다. 즉 우리 자녀들이 인생의 바른 가치관을 갖도록 가정에서 부모가 앞장서서 교육해야 한다. 이렇게 중요한 교육을 학교에만 맡겨두지 말고, 우리 부모들이 감당해야 할 몫이다. 우리 자녀들의 꿈과 비전이 다 있을 것이다. 정치인이 되려고 하는 아이, 음악가, 판검사, 공무원, 과학자, 교사가 되려고 하는 아이, 다양한 직업을 갖기를 원할 것이다.

그러나 무엇이 되려고 하는 것보다 더 중요한 것은 왜? 그 무엇이 되려고 하는지가 훨씬 더 중요하다. 내가 왜 정치가가 되려고 하는지, 왜 이 대학, 이 과에 지망해야 하는지, 왜 음악가가 되려고 하는지, 왜 과학자가 되려고 하는지, 왜 교사가 되려고 하는지, 왜 판검사, 공무원, 교사가 되려고 하는지, 분명한 목적과 가치관을 가지고 다른 사람을 유익하게 하면서 살아가는 것이 가치 있는 삶이고 귀한 인생임을 가르쳐야 할 것이다.

만약에 이런 선한 뜻을 가진 목적이 아니라면 간디가 말했던 7가지의 관행이 우리의 자녀들을 파멸시킬 것이다. 그 7가지 악을 주의 깊게 검토해보면 무원칙하거나 무가치한 수단을 통해 어떻게 목적이 달성되는지 알 수 있다.

노동하지 않고 얻는 부
양심을 무시하고 느끼는 즐거움
성품에 기초하지 않는 지식
도덕성 없이 이루어지는 상거래
인간을 생각하지 않는 과학
희생 없는 종교
원칙 없는 정치

훌륭한 목적들이 이렇게 부정한 수단으로 달성될 수 있다는 위험성을 말해 주고 있는 것이다. 만약에 부정한 수단을 통해 훌륭한 목적을 달성한다면 손에 잡힌 듯한 그 목적은 결국 달아나고 말 것이다. 결코 선한 영향력을 끼칠 수가 없는 것이다. 그러기에 어렸을 때부터 좋은 토양에 바른 원칙을 세울 수 있도록 교육하는 것이 가장 중요하다.

오스카 쉰들러(Oskar Schindler)

돈 벌어서 남 주는 인생을 살았던 성공한 사람들의 얘기는 셀수 없이 많다. 그 중에 대표적인 사람이 바로 오스카 쉰들러이다. 스티븐 스필버그 감독이 1993년에 만든 〈쉰들러 리스트〉라는 영화가 있다. 실제 있었던 일을 영화로 만든 것이다. 이 영화는 1994년 제66회 아카데미 시상식에서 작품상, 감독상 등 7개 부문에서 수상한 작품이다. 2차 세계대전 당시 독일군이 점령한 폴란드의 어느 마을, 시류에 맞춰 자신의 성공을 추구하는 기회주의자 쉰들러는 유태인이 경영하는 그릇 공장을 인수한다. 그는 공장을 인수하기 위해 나찌 당원이 되고 독일군에게 뇌물을 바치는 등 갖은 방법을 동원한다. 그러나 냉혹한 기회주의자였던 쉰들러는 유태인 회계사인 아이작 스턴과 친분을 맺으면서 냉혹한 유태인 학살에 대한 양심의 소리를 듣기 시작한다.

그리고 마침내 그는 강제 수용소로 끌려가 죽음을 맞게 될 유태인들을 구해내기로 결심한다. 그는 독일군 장교 아몽 거트에게 빼내는 사람 숫자대로 뇌물을 주는 방법으로 유태인들을 구해내려는 계획을 세우고 아이작 스턴과 함께 구해낼 유태인들의 명단을 만든다. 쉰들러는 유태인들이 아무런 이유 없이 가스실로 가서 죽는 것은 잘못된 일이라고 생각을 했던 것이다. 그들도 존중받아야 될 생명체라고 생각하면서 그들을 구해야겠다고 결심한다. 쉰들러가 자신의 전 재산을 계산해보니까 850명의 유대인을 구할 수 있더라는 것이다. 자신이 구할 수 있는 유대인의 명단 그것이 쉰들러 리스트이다. 그러나 그는 실제로 1,100여 명의 유대인들을 구했다.

그는 자신이 가진 모든 재산을 들여서라도 유대인들을 구하려고 했다. 2차 세계대전이 독일의 패배로 끝나고 이제는 안전해진 유대인 노동자들에게 자유를 선언하고 떠나는 쉰들러를 위해 유대인들이 자신들의 금니를 뽑아서 반지를 만든다. 그 반지 안에는 히브리어로 이렇게 쓰여 있었다.

한 사람의 생명을 구한 자는 세상을 구한 사람이다.

그리고 그 반지를 쉰들러의 손가락에 끼워준다. 나를 감동시켰던 것은 바로 그 장면이다. 유대인들과 헤어지면서 쉰들러가 눈물을 흘리는 장면이다. 자신의 차에 오르기 직전 그는 후회의 눈물을 쏟아낸다. 자신이 타고 갈 차를 보면서 "이 차를 팔았더라고 열 명은 더 구할 수 있었을 텐데!"라고, 또 자신이 차고 있던 나치

당원 배지를 보면서 "이 배지를 팔았더라면 두 명의 유대인을 더 구할 수 있었을 텐데!"라고 절규한다. 이것이 바로 돈 벌어서 남 주는 인생이고, 공부해서 남 주는 인생이다. 우리의 자녀들을 이 시대의 쉰들러와 같은 귀한 인생으로 살아갈 수 있도록 가르치는 것이 성공하는 자녀, 위대한 아이로 만드는 지름길이다.

성산 장기려

한국의 슈바이처로 통하는 성산 장기려 박사는 공부해서 남 주는 인생을 살았던 대표적인 사람이다. 장기려 박사는 자신보다 먼저 남을 위했던 바보 의사였다. 한국 근대 문학의 여명을 이룩한 공헌자로 평가받고 있는 이광수의 소설 중에 하나인 〈사랑〉이라는 작품에 주인공 '안빈'이라는 인물이 등장한다. 작품 속에 '안빈'은 작가였다가 의사가 된 사람으로 근엄하면서도 너그러운 성자의 모습을 보여준다.

하지만 극중 주인공인 '안빈'의 실제 모델이 장기려 박사였단 사실을 알고 있는 사람은 별로 없다. 실제 소설가 이광수가 장기려 박사를 일컬어 '당신은 성자 아니면 바보'라고 말했다고 한 일화는 유명하다. 성산 장기려 박사는 1911년 평북 용천에서 태어났다. 송도고등보통학교를 거쳐 경성의학전문학교(지금의 서울대학교 의과대학)에서 수석 졸업 후에 의사가 되었다. 그는 경성의전 외과에서 처음 의사가 된 후, 진료를 맡은 할머니가 청진기만 대면 병이 낫는 줄 알고 가슴에 청진기를 한 번만 대 달라고 간절히 부탁한 순간부터 "의사 한 번 못보고 죽어가는 가난한 사람들을 위해 평생을 바치겠다"고 맹세를 했다고 한다.

이후에는 평양의 연합기독병원, 평양도립병원에서 일을 했고, 그러던 중, 1947년 김일성대학의 교수로 제직 당시 한국전쟁을 맞이하게 되었고, 차남과 함께 남하했지만, 아내와 5남매 그리고 다른 가족 들은 북에 남게 되었다. 이후 그는 일생을 외로이 혼자 사셨다. 주위 사람들의 재혼 권유에도, "결혼은 오직 한 번 하는 것"이라는 자신의 신념을 따라 40년이 넘도록 홀로 살았다. 특히 남북 간 이산가족 방문의 길이 열려, 그의 특별한 위상의 영향으로 북한에 갈 수 있는 길이 열렸지만, 다른 많은 사람들이 북한을 방문할 수 있을 때까지 먼저 가지 않겠다고 거절한 일화는 유명하다.

평생을 북에 남겨둔 부인과 자식들을 그리워했으나, 가족을 만날 수 있는 순간조차도 다른 사람들에게 양보할 정도로 남을 배려하는 삶을 살았다. 후에 북에 남겨둔 가족과의 조우를 거절한 것에 관해 그가 썼던 글은 많은 이들의 가슴을 찡하게 만들었다.

여보! 40년을 남한에 살면서 재혼하라는 권유도 많이 들었다오.
그러나 당신에게 한 스스로의 언약, 우리 사랑은 영원하다오.
만일 우리 둘 중 누가 하나라도 세상을 떠나게 된다면 이 사랑은 없어지는 것인가.
아니다. 이 사랑은 우리가 육으로 있을 때뿐 아니라 떠나 있을 때에도 영원히 꺼지지 않는 생명의 사랑이라고 한 말을 상기하며 당신을 기다렸소.

여보, 몇 년 전 남북한의 이산가족들이 몇 명씩 남과 북을 방문하여 해후의 기쁨을 나누고 돌아온 것을 기억하지요?

당신과 자식들을 만나고 지금은 돌아가셨을 부모님 산소도 둘러보고 고향집과 평양 신양리의 옛 집에도 가보고 싶소.

그러나 일천만 이산가족 모두의 아픔이 나만 못지않을 텐데, 어찌 나만 가족 재회의 기쁨을 맛보겠다고 북행을 신청할 수 있겠소.

나는 내 생전 평화통일이 될 것을 믿습니다.

우리는 온 민족이 함께 어울려 재회의 기쁨을 나누는 그날 다시 만나리라는 것을 확신합니다.

월남 이후 그는 부산에 정착해, 부산 제3육군병원에서 근무하게 되었고, 1951년 6월 경남구제위원회의 전영창 선생과 한상동 목사의 요청으로 부산 영도구 남항동에 위치한 제3교회 창고에서 무료의원을 시작하게 되었는데, 이것이 복음병원의 시작입니다. 이때부터 그는 1976년까지 25년간 복음병원 원장인 동시에 의사로서 일했으며, 서울대, 부산대, 서울 가톨릭 대학교의 의과대학에서 외과 교수로 혹은 학장으로 봉사했다. 그가 복음병원에 일할 당시, 치료가 불가능한 병도 고친다는 장기려 박사에 대한 소문 때문에, 전국의 가난한 수술 환자들과 치료불가 판정을 받은 환자들이 몰려들었다. 우여곡절 끝에 그들은 입원하게 되었고, 수술을 받아 병을 고쳤지만, 가난한 살림 탓에 병원비와 약값을 지불할 수 없는 문제가 생겼다. 하지만 그는 이러한 환자들의 치료비를 자신의 월급 전액으로 대신 지불해 주었다.

이렇다보니 장기려 박사의 월급은 항상 적자였고 병원 운영도 어려워지자 직원들에 의해 무료 환자에 대한 모든 결정권을 박탈당하게 되었다. 심각한 상황임에도 장기려 박사는 치료비를 내기 힘든 환자들에게 자신이 병원 뒷문을 야밤에 열어 줄 테니 도망을 가라고 했다고 한다. 1958년에는 부산 서구 토성동에 있는 지금의 부산대학병원 뒤쪽에 행려병자 진료소를 차려놓고 2~3년간 무료로 치료해 주었으며, 다음해에는 국내 최초로 간대량 절제술에 성공하는 등 국내 의학 발전에도 큰 기여를 하신분이다.

1968년에는 영세민들을 위해 국내 최초의 의료보험조합인 '부산 청십자 의료협동조합'을 설립했다. 이 협동조합은 가난한 사람들에게 치료비의 부담을 주지 않기 위해 설립했으며, 정부의 의료보험보다 10년이나 앞선 순수 민간의료보험 기구이다.

"의사는 불쌍하고 가난한 사람들을 위해 존재해야 한다."

평생 무소유의 삶을 몸소 실천했던 그는 하직하게 되었을 때, 이런 말을 했다고 한다.

죽었을 때 물레밖에 남기지 않았다는 간디에 비하면 나는 아직도

가진 것이 너무 많아요.

노년의 장기려 박사는 당뇨병에 아파하시면서도 집 한 칸 없이 작은 사택에 살며, 가난하고 소외된 이웃들에게 봉사 의료를 펼쳤다. 그리고 늘 입버릇처럼 "의사는 불쌍하고 가난한 사람들을 위해 존재해야 한다"고 말했다. 그러던 장기려 박사는 1995년 12월 25일 성탄절에 북에 남겨 두고 온 가족들과 찍은 단 한 장의 사진만을 가진 채 별세하셨다.

이러한 장기려 박사의 행적을 추모하기 위해 지난 2009년 『그 청년 바보의사』란 책이 출판되었고, 2011년에는 장기려 박사 탄생 100주년을 기념해 뮤지컬 〈장기려, 그 사람〉이 공연되기도 했다. 하지만, 그의 훌륭했던 행적에 비해 아직까지 많은 사람들이 장기려 박사를 모르고 있는 것이 현실이다.

공부해서 남을 위해 헌신하고 섬긴 그의 삶은 "이 아이가 자라서 하나님 나라와 이 나라에서 크게 쓰여지는 일군이 되게 하여 주옵소서!"라고 기도하던 그의 할머니의 기도처럼, 또한 조국의 평화와 인류의 평화를 위해 죽게 되기를 원했던 그의 소원대로 그는 이 땅의 사람들에게 진정한 평화와 사랑을 실천했던 사람이었다. 이러한 공적으로 장기려는 1976년 국민훈장동백장을, 1979년 막사이사이상(사회봉사부문)을 받았으며, 1995년 인도주의 실천 의사상 등을 받았다. 노년에는 병고(당뇨병)에 시달리면서도 백병원 명예원장으로서 집 한 칸 없이 협소한 사택에서 지내면서 마지막까지 가난하고 소외된 사람들에게 박애와 봉사정신으로 인술을 펼쳐 한국의 성자로 칭송 받고 있다.

자는 3~4할을 받았다. 이 정도면 1년 동안 열심히 일한 보람이 있고, 자신에게 돌아오는 것이 충분한 것이 아니겠는가? 그니까 주변 소작인들이 앞을 다투어서 최 부자 집의 논이 늘어나기를 원하는 현상이 발생하기도 했다. 왜냐하면 최 부자 집의 논이 늘어나면 늘어날수록 자기들에게 돌아오는 혜택이 그만큼 많아지니까? 그니까 저 집이 죽어야 내 집이 사는 것이 아니라, 저 집이 살아야 내 집도 산다는 상생의 현장이 바로 이 최 부자 집을 통해 구현된 것이다. 사촌이 땅을 사면 배 아프다는 속담과는 전혀 다른, 진정으로 아름답고 통쾌한 풍경이 아닐 수가 없다. 이런 식으로 자신의 재산을 사회에 환원을 했다.

셋째, 과객(過客)을 후하게 대접하라.

요즘같이 여관이나 호텔이 많지 않았기 때문에, 여행하는 나그네가 전혀 알지 못하는 양반집이나 부잣집 사랑채에서 며칠씩 또는 몇 달씩 머물다 가는 일이 당시에는 흔했다. 최 부자 집에도 하루에 많을 때는 100명 정도 머물다 갈 정도였다는데, 이 나그네들을 대접하기 위해 1년 동안 소비한 쌀이 무려 천석이었다는 것이다. 최 부자 집이 1년 동안의 쌀 소비량이 3천석인데, 천석은 자기 식솔들 위해 사용을 했고, 천석은 과객들을 위해서 사용을 했고, 나머지 천석은 사방 100리 안에 있는 가난한 이들을 위해 사용했다.

넷째, 사방 100리 안에 굶어 죽는 사람이 없게 하라.

사방 100리라면 북쪽으로는 포항, 서쪽으로는 영천, 남쪽으로는 울산, 그리고 경주를 포함해서 동해안 일대를 아우르는 지역이다. 이렇게 100리 안에 있는 가난한 사람들이 굶어 죽지 않도록 그들을 위해 천석의 쌀을 사용했다는 사실이다. 가진 자로서의 마땅한 도리를 다한 것이다.

다섯째, 흉년에는 남의 논밭을 매입하지 말라.

흉년에 남의 논밭을 헐값에 매입한다는 것은 가진 자의 도리가 아니라고 생각을 한 것이다. 흉년에 남의 논밭을 싼 값에 사들였다가 나중에 비싼 값을 주고 되파는 그런 못된 짓을 하지 않았다. 그리고 물건을 살 때도 개장 때에 가서 물건을 구입했다. 물건 값을 절대 깎지 않고, 제값을 주고 물건을 샀다는 것이다. 그러나 여타 부자들은 폐장 때에 가서 물건을 구입하는 것이 다반사였다. 왜냐하면 폐장 때 떨이하는 물건을 싼 값에 사기 위해서다. 그렇기 때문에 최 부자가 물건을 사러 오면 제 값을 주고 물건을 팔 수 있기 때문에 최상의 상품을 내 놓는가 하면 여타 부자들이 폐장 때 물건을 사러 오면 좋지 않은 물건을 내놓았다는 것이다.

여섯째, 최 씨 가문 며느리들은 시집온 후 3년 동안 무명옷을 입어라.

가졌다고 뽐내고, 자랑하고, 교만한 것이 아니라 검소함과 겸손함을 가르쳤던 것이다. 그니까 최 부자 집에 머물다간 나그네들이 팔도를 돌아다니면서 소문내지 않았겠는가? 조선 팔도에 경북 경주의 최 부자를 모르는 사람이 없을 정도였다.

이 여섯 가지의 가훈을 차근차근 되새겨보면 최 부자 집의 향기가 배어 있는 것을 보게 된다.

재물은 분뇨와 같아서 한 곳에 모아 두면 악취가 나 견딜 수 없지만, 그것을 골고루 사방에 흩뿌리게 되면 아주 유용한 거름이 되는 법이니라

돈을 쌓아 두기 위해서 벌지 말고, 잘 쓰기 위해서 버는 인생으로 사는 것이 위대한 인생이고 귀한 인생이라는 바른 가치관을 심어주어야 할 것이다. 이것이 바로 돈 벌어 남 주는 인생이고 공부해서 남 주는 인생이고 값진 인생이라는 사실을 가르쳐야 할 것이다.

이태석 신부

이태석 신부는 공부해서 남 주는 인생을 살았던 인물이다. 영화 〈Don't cry Tonj〉의 주인공이 이태석 신부인데, 이 분 역시도 세상에서 가장 가난한 지역에 들어가서 헐벗고 굶주린 가난한 이들을 사랑으로 한평생을 섬기다 간 수단의 슈바이처로 통하는 분이다. 이태석 신부는 하나님께서 자신에게 주신 귀한 재능을 가지고, 세상에서 가장 못사는 나라, 가장 가난한 곳, 지구 반대편의 남부 수단에서 예수 그리스도의 마음을 가지고 섬김의 도리를 다하다 가신 분이다.

이태석 신부님은 삯바느질로 9남매를 키우신 홀어머니 밑에서 의대를 졸업하고, 하나님의 부르심에 순종하여 신부가 된다. 그리고 지구상에서 가장 가난한 곳이라고 할 수 있는 아프리카 수단의 톤즈라는 마을로 선교를 떠난다. 의사라는 안정된 직장과 편안한 삶을 모두 다 내려놓고, 먼 이국 땅 수단에서 고통 받는 이웃들과 함께 그들의 삶이 조금이나마 더 나아질 수 있도록 자신의 모든 것을 다 쏟아 붓게 된다.

남부 수단의 톤즈 지역은 그야말로 척박한 땅인데, 아이들은 물이 없어 흙탕물을 음료수로 마시는 그런 곳이다. 전기도 없고, 식량도 부족하고, 섭씨 55도라는 살인적인 더위의 황량한 사막과도 같은 남부수단의 톤즈에서 이태석 신부는 의사로, 교사로, 신부로, 브라스밴드의 단장까지 도맡아 딩카족의 희망이 되어주었다. 특히 한센병 환자들을 치료하고 뭉그러진 발에 꼭 맞는 그들만의 신발을 만들어 주기도 했다. 이태석 신부님은 이들에게 아버지와 같은 분이었다.

그런데 2008년도 한국에 휴가차 들어와서 지인의 권유로 건강검진을 받게 되었는데, 전혀 생각지도 못한 대장암 말기 판정을 받게 된다. 할 일이 많은 이태석 신부님에게는 청천벽력과도 같은 선고였다. 그러나 그에게는 이 병이 문제가 아니었다. 지금 당장 톤즈로 돌아가서 우물을 파야 되고 아이들을 가르쳐야 되고 병든 이들을 치료해 주어야 되고 해야 할 일들이 너무나 많아서 다시 그냥 톤즈로 돌아가려고 했다.

많은 사람들이 만류를 하고 그래서 할 수 없이 항암치료를 받게 되는데, 2년 만에 2010년에 결국은 하나님의 부르심을 받으셨다. 그는 지금 이 땅에 없지만, 그리고 톤즈에는 없지만 하나님의 부르심에 순종한 그의 섬김으로 인해서 어두운 죽음의 땅에 하나님의 사랑이 전해지고 전쟁과 질병과 기근, 가난으로 고통 받던 그들의 삶이 바뀌고 그들 모두가 삶의 희망을 갖게 되었다는 사

실이다. 그가 중학교 때 작사 작곡했던 묵상이라는 성가 곡의 가
사를 보면 감동이 된다.

묵상

십자가 앞에 꿇어 주께 물었네.
추위와 굶주림에 시달리는 이들
총부리 앞에서 피를 흘리며 죽어가는 이들을

왜 당신은 보고만 있냐고
눈물을 흘리면서 주께 물었네,

왜 세상엔 죄인들과 닫힌 감옥이 있어야만 하고
인간은 고통 속에서 번민해야 하느냐고

조용한 침묵 속에서 주 말씀 하셨지
사랑, 사랑, 사랑
오직 서로 사랑하라고……

이태석 신부!
이렇게 자신의 전 생애를 가난하고 소외된 사람들을 위해 멋지
게 살았던 분으로 아직도 우리의 가슴에 살아 있다.

마이란 수녀와 마가릿 수녀

43년간 밤낮없이 봉사해 온 '파란 눈의 간호사' 마리안 수녀와 마가릿 수녀가 지난 2005년 11월 21일 이른 아침 아무 말 없이 연락선을 타고 고향 오스트리아로 떠났다. 그들이 소록도에 들어온 것은 1962년 6월이었다. 간호사 자격을 가진 20대 후반 나이인 그들이 힘겹게 병마와 싸우면서 하루하루를 나던 한센병 환우들을 치료하겠다면서 찾아온 것이다. 그때만 해도 한센병 환우들은 고칠 수 없는 하늘에서 내린 벌이라는 편견 때문에 외진 곳에 집단 수용된 채 죽음을 기다리던 상황이었다. 그분들의 헌신적인 봉사와 희생이 있었기에 지금의 소록도가 존재하는 것이다. 이런 사실이 세상에 알려지면서 무슨 감사장이니, 공로패니 그런 것들이 전달되었지만 전부 거절했다.

그들은 한국을 떠나기 하루 전 병원 측에 이를 알리고, 43년간의 생활을 마감하는데도 그들의 귀향길엔 소록도에 들어올 때 가져온 다 헤어진 손가방 하나만 들고 자기네들 고향으로 흔적 없이 돌아갔다. 떠나면서 부족한 자신을 돌봐주신 것에 감사하다는 글과 더불어 이제 일흔을 훌쩍 넘어 나이가 너무 많이 들어

도리어 자신들이 짐이 될까봐 떠난다는 것이었다. 이분들의 헌신적인 희생과 봉사에 고개가 숙여지고 깊은 감동이 있다. 이분들은 몽당연필처럼 하나님의 손에 아주 가깝게 쥐어져서 하나님의 뜻을 이 땅에 이루어 가는데, 뭔가 쓰고, 쓰고 또 쓴 귀한 인생을 사신 분들이 아닐 수가 없다. 이분들의 삶의 전체의 내용은 섬김과 희생으로 점철되어 있다. 그렇다면 그 섬김은 하늘에서 그냥 뚝 떨어지는 것이냐? 결코 그렇지 않다. 어렸을 때부터 교육하고 훈련하지 않으면 어른이 되어서 섬긴다는 것은 불가능한 일이다.

성경에 보면 포도원 품군의 이야기가 나온다. 예수님이 "천국은 마치 이와 같은 것이다"면서 비유로 하신 말씀이다.

포도원 주인이 이른 아침부터 일군을 사러 장터에 나가는데 5번 (오전 6시, 9시, 정오, 오후 3시, 오후 5시) 나가서 일군을 샀다.

유대인들은 이른 아침(오전 6시)부터 해질 무렵(오후 6시)까지를 하루라고 말한다.

그리고 하루 품삯은 1데나리온이었다.

일을 마치고 주인이 품삯을 나누어 주는데 오전 6시에 와서 하루 종일 12시간 일한 사람이나 하루가 끝나기 1시간 전에 와서 1시간밖에 일하지 않은 사람이나 모든 품군들에게 동일하게 하루 품삯 1데나리온을 지급했다.

일한 만큼 서로 다르게 품삯을 주어야 옳을 것인데 주인은 1시간 일한 사람이나 3시간 일한 사람이나 12시간 일한 사람이나 동일하

게 품삯을 지불한 것이다.

그때 이른 아침부터 나와서 온종일 12시간 일한 일군이 주인에게 불평을 하는데 그 불평은 정당한 불평이었다.

"어떻게 12시간 일한 사람이나 1시간 밖에 일하지 않은 사람에게 동일하게 품삯을 줄 수 있습니까? 이것은 말도 안 됩니다."

그렇다면 왜 예수님이 포도원 품군 이야기를 천국의 비유로 설명을 하셨을까? 이렇게 생각하면 이해가 쉽다. 만약 오후 5시에 와서 1시간밖에 일하지 않고 하루 품삯 전부를 받은 사람이 이른 아침부터 나와서 온종일 일한 사람의 아들이라고 생각해보자. 자기 아들이 1시간 밖에 일하지 않고 하루 품삯 전부를 받았다면 주인에게 불평할 수 있겠는가? 주인에게 따질 수 있겠는가? 자기 친척이 적게 일하고 하루 품삯 전부를 받았다면 주인에게 불평할 수 있겠느냐는 것이다. 그럴 수 없는 것이다.

그래서 천국은 바로 이와 같은 것이다. 나와 아무 상관이 없는 사람이 1시간 일하고 하루 품삯 전부를 받았다 할지라도, 오히려 주인에게 불평하는 것이 아니라 그 주인에게 감사할 수 있는 마음, "1시간밖에 일하지 않았는데 이렇게 하루 품삯 전부를 주시다니요. 당신은 참으로 좋은 주인입니다"라고 말할 수 있는 마음이다.

주인을 칭찬할 수 있는 마음, 남이 잘 되었을 때 배 아파 하는 것이 아니라 도리어 칭찬하고 기뻐할 수 있는 마음, 이것이 천국을 소유한 자의 마음이라는 것을 가르쳐 주고 있는 것이다. 포도원 주인이 5번씩이나 시장에 가서 일군을 사러 나간 이유는 일손이 부족해서가 아니라 일자리를 찾지 못하고 발을 동동 구르고 있을 일군들이 마음에 걸려서 그들에게 일자리를 주기 위해서였던 것이다.

포도원 주인이 포도원을 경영하는 목적이 돈을 벌기 위함이 아니라 포도원을 통해 많은 사람이 함께 먹고 더불어 함께 살아갈 수 있도록 일군들을 위한 것임을 보여주는 의미 있는 말씀이 아닌가 생각해본다. "주는 것이 받는 것보다 복되도다"는 말씀을 실천하고 있는 아름다운 현장이 아닐 수 없다. 이렇게 내가 가진 것으로 남을 위해 나누고 베푸는 삶이 얼마나 귀하고 소중한 것인지를 아이들에게 어렸을 때부터 가르치고 교육하며 훈련할 수 있어야 하겠다.

제**7**장

자아존중감을
심어 주어라

인간발달에 있어서 자아존중감은 아주 중요한 요소 중에 하나이다. 자아존중감은 교육의 토대가 되며 본질적으로 아이들이 정서적인 삶과 공동체 생활, 지적인 삶, 그리고 도덕적이고 윤리적인 삶을 이끌어 갈 수 있도록 도와주는 원동력이다. 특히 아이들의 학습문제, 환경 적응문제, 심리적인 문제 등을 예방해 주는 마음의 힘과 에너지가 되는 것이 자아존중감이라고 할 수 있다. 자아존중감이 높은 아이는 친구들과 잘 어울리고 스스로 학습을 하거나 어떤 일에 도전하는 일에 자신감과 자부심을 가지고 넉넉히 해 낼 수 있으며 삶에서 부딪히는 여러 가지 어려운 문제들을 극복할 수 있다.

높은 자아존중감을 가진 아이는 자신의 무한한 잠재능력을 인식함으로써 큰 꿈과 비전을 가질 수 있고, 그 꿈과 비전을 이루기 위해서 분명하고도 현실적인 목표를 설정할 수 있고, 긍정적인 마인드를 가지고 희망적으로 자신의 미래를 설계할 수 있다. 자아존중감이 자신의 꿈을 이루어내는 아이들의 행복에너지인 이유가 바로 여기에 있다.

세상에서 가장 소중한 존재인식

그런 의미에서 아이들에게 자신의 미래에 대한 희망과 독립심을 심어주고 자신의 가치를 높이며 꿈을 마음껏 펼쳐 나갈 수 있도록 자아존중감을 키워주는 것이 중요할 뿐만 아니라 자신을 사랑하고 소중히 여길 줄 아는 아이로 양육해야 할 것이다.

자신을 사랑하는 아이가 성공한다는 것을 기억하라. 부모는 아이에게 "너는 이 세상에서 가장 소중한 존재"라고 말해 주는 것이 얼마나 중요한지 모른다. 그리고 자신을 사랑할 수 있도록 교육해야 한다. 자기 자신을 스스로가 사랑하지 않는데 상대방이 어떻게 자신을 사랑할 수 있겠는가? 자신을 사랑하지 않으면 남도 자신을 사랑하지 않는다.

호기심 많은 제자가 있었다.
그 제자는 스승한테 날마다 같은 질문을 했다.
"스승님, 제 인생의 가치는 얼마나 됩니까?"
스승은 며칠 동안 아무 말도 않았다.
제자의 질문이 거듭되자 스승은 돌 한 개를 내밀었다.
"이 돌을 가지고 시장에 가서 흥정을 해봐라. 하지만 팔지는 마

라. 값을 쳐주겠다는 사람만 나타나면 된다."

제자는 자그마한 돌을 가지고 시장에 갔다.

"이런 쓸모없는 돌을 돈 주고 사려는 사람이 있을까?"

그런데 이상하게도 돌을 사겠다는 사람이 나타났다.

한 사람이 두 냥을 주겠다고 하고, 다른 사람은 닷 냥을 내겠다고
했다.

제자는 몹시 기뻐하며 돌아가 스승에게 말했다.

"사람들이 이 쓸모없는 돌을 글쎄 닷 냥이나 주고 사겠대요. 정
말 팔아야 될까 봐요."

그러자 스승은 나지막이 말했다.

"귀금속 시장에 가지고 가서 흥정해 보거라. 하지만 이번에도 팔
지는 마라. 절대 팔아서는 안 된다."

제자는 다음날 귀금속 시장에 갔다.

어떤 사람이 돌 값으로 쉰 냥을 제시했다.

두 번째 사람은 2백 냥을 내밀었다.

경쟁이 붙어서 1만 냥을 주겠다는 사람까지 나타났다.

흥분한 제자는 스승한테 도저히 믿기지 않는 이 일을 모두 말했다.

이번에도 스승은 담담하게 말했다.

"최고급 보석상에 가서 값을 매겨 보거라. 이번에도 절대 팔아서
는 안 된다. 내 말을 명심해라."

보석상은 돌을 이리저리 살펴보더니 3만 냥에 사겠다고 했다.

제자는 거절했다.

가격은 5만 냥까지 올라갔지만 역시 거절했다.

보석상이 화가 나서 제자에게 원하는 값을 말해보라고 했다.

물론 제자는 스승의 명령을 어기고 돌을 팔수는 없는 처지였다.

그는 돌을 가지고 돌아가 스승에게 말했다.

"이 돌덩이가 글쎄 5만 냥까지 올랐습니다. 팔아도 좋을 것 같은데요. 스승님."

스승은 빙그레 웃으며 말했다.

"이제 내가 그 일을 시킨 이유를 알겠느냐? 보석도 볼 줄 아는 사람에게나 가치가 있는 것이다. 인생도 그렇다. 자신을 보석 같은 존재라고 생각하면서 자신을 소중히 여기는 사람일수록 가치 있는 인생을 살 수 있다."

너는 값을 매길 수 없는 값진 보석이다

이처럼 자신의 진정한 가치는 자기 스스로가 자신에게 매기는
값에 달려 있다고 할 수 있다. 자신의 가치는 남들의 평가에서 출
발하는 것이 아니다. 자기 스스로가 자신을 어떤 존재가치로 여
기느냐에서 출발한다고 볼 수 있다. 자신은 값으로 매길 수 없는
보석이라는 사실과 자신의 가치는 무한하기 때문에 자신의 숭고
한 가치를 만들기 위해 스스로를 연마해야 한다. 자아존중감을
기르게 되면 자신의 가치를 더 분명하게 알게 된다. 자아존중감
은 일종의 흡입력과 같은 것이기 때문에 자신감을 끄집어내는 힘
이라고 할 수 있다.

참으로 당돌한 여학생의 이야기를 보자.

한국과학기술원(KAIST)에 다니는 여학생이 해외 유학에 앞서 저
명한 인사를 상대로 직접 후원자를 모집하고 나서 눈길을 끌었던 적
이 있다.

"Investment(투자)는 사업과 관련해 쓰이는 단어입니다. 이번
엔 회사의 미래가 아닌 한 학생의 미래에 투자해보는 것은 어떠세
요?"

그 주인공은 바로 KAIST 2학년에 다니고 있는 최영은(崔玲銀,19)
양이다. 당시 대통령, 서울시장, 계룡장학재단 이사장, 이레전자 대
표이사, 페리카나 회장 등 사회 저명인사들에게 후원을 요청하는 자
필 편지를 보낸 것이다. 최 양은 이렇게 편지를 시작했다.

"허허, 이 녀석 참 당돌하군, 이렇게 생각하고 계시겠지요? 이 당
돌한 녀석의 이름은 최영은입니다"로 말문을 연 뒤에 대전과학고를
거쳐 KAIST에 입학했으며 과학 장학생에 선발돼 해마다 장학금을
받고 있는 과학 꿈나무라고 자신을 소개했다. 편지에서 최 양은 도
전하기 위해 스스로 유학을 준비해 왔고, 지난달 미국 뉴욕 주에 있
는 Bard College로부터 4년간 모든 학비를 지원받는 장학금 지급
을 전제로 합격통지를 받았다고 밝혔다. 장학금을 통해 3천만 원이
넘는 학비문제는 해결했지만 학비를 제외한 기숙사비와 식비, 생활
비를 마련하는 게 문제라는 것이었다. 부모님이 어떻게든 해결하겠
다고 했지만 월급쟁이인 아버지께 큰 짐을 지게 하는 거 같아서 용
기를 내어 편지를 쓰기로 결심했다는 것이다. 과학자가 꿈이라는 최
양은 미생물에 관심이 많다고 이야기한다. 과학자가 되어서 사람들
에게 어려운 과학을 재미있는 학문으로 알리는 일을 하고 싶다는 것
이 그녀의 사명이라는 것이다.

그리고 지금은 대금을 열심히 연습하고 있는데 외국에 나가면 사
귀게 될 친구들에게 대금을 통해 한국을 알릴 준비를 하고 있다는
것이다. 그녀는 이렇게 편지를 마무리한다.

"저는 과학 한국의 미래를 이끌겠다는 큰 꿈을 갖고 있습니다. 제
미래에, 제 신념에, 제 열정에, 그리고 과학 한국의 미래에 한 번 투
자해보시지 않겠습니까?"

참으로 자신감이 넘치는 친구가 아닌가? 참으로 당돌한 친구가 아닌가? 자신이 어떤 가치를 지니고 있는지 자신의 가치를 알리고 있는 것이다. 그리고 스스로 자신은 이렇게 가치 있는 사람이라는 것을 영향력 있는 사람들에게 알리고, 미래에 투자해 볼 의향은 없냐는 것이다. 자기 자신을 가치 있는 존재로, 값진 보석으로 생각하고 있기 때문에 이런 친구는 위대한 삶을 살아갈 가능성이 아주 큰 아이라고 할 수 있다.

이와 같이 우리 아이들에게 너는 값을 매길 수 없는 값진 보석이라는 사실을 끊임없이 마음 가운데 심어 줄 필요가 있다. 어렸을 때부터 낮은 자존감 때문에 자신감을 잃어버리고 자신을 가치 없는 존재로 여기게 되면 초라한 인생으로 전락할 수밖에 없고, 가치 없는 인생을 살 수 밖에 없다. 우리 아이들은 돌 속에 숨겨진 보석과 같은 존재들이다.

다음은 미켈란젤로에 대한 이야기이다.

미켈란젤로가 어느 가게 앞에 세워진 아주 볼품없는 큰 돌덩어리를 오랫동안 지켜보다가 그 주인을 찾아가서 이 돌을 나한테 팔지 않겠냐고 물었다.

그러자 그 주인이 말했다.

"그게 무슨 말씀이십니까! 팔기는요! 필요하면 그냥 가져가세요. 이 돌덩어리는 덩치만 컸지 아무짝에도 쓸모도 없고……. 도대체 이 돌을 어떻게 처치해야 할지 고민하고 있었는데, 잘 됐습니다!"

미켈란젤로는 감사한 마음으로 돌을 자기 집으로 옮겼다.

그 날부터 미켈란젤로는 오랜 시간 동안 쓸모가 없다는 취급을 받으며 처치 곤란했던 그 돌을 요모조모로 살펴보았다.

그리고 얼마 후에 그는 망치와 정을 들고 돌을 깎고 다듬기 시작한다. 하루 중에 대부분의 시간을 그 돌을 다듬는 데 보냈다.

그렇게 1년의 세월이 흐른 뒤 어느 날.

미켈란젤로는 많은 사람들을 집으로 초청했는데 거실에는 흰 천에 둘러싸인 커다란 물건이 놓여 있었다. 미켈란젤로는 많은 사람들이 지켜보는 가운데 그 흰 천을 힘껏 잡아당겼다.

그러자 너무나 아름답고 감동적인 조각상이 모습을 드러났다.

마리아가 십자가에서 내려진 예수님을 안고 있는 그 조각상은 많은 사람들의 탄성을 자아내기에 충분했다.

이 조각상이 바로 그 유명한 미켈란젤로의 피에타상이다.

이런 아름다운 피에타상이 어떻게 탄생하게 되었는가? 그것은 1년 전에 아무짝에도 쓸 데가 없다고 버려진 큰 돌이 시작이었다. 그 돌이 이렇게 아름다운 조각상으로 변한 것이다. 그 자리에는 1년 전에 미켈란젤로에게 그냥 무료로 돌을 준 가게 주인도 있었는데, 그 주인이 미켈란젤로에게 말을 걸었다.

"정말 아름다운 작품이 아닐 수 없습니다. 정말 귀한 대리석입니다. 도대체 당신은 이 돌을 어디서 구하셨습니까?"

주인은 그 조각상을 매만지면서 이렇게 물었다. 그때 미켈란젤로가 웃음을 지으면서 이렇게 말했다.

"이 돌은 당신이 1년 전에 쓸모없다고 하면서 처치 곤란해 했던 바로 그 돌입니다. 당신 덕분에 이렇게 훌륭한 조각품을 완성했습니다. 진심으로 고맙습니다."

주인이 깜짝 놀라 "그 형편없던 돌덩어리가 이렇게 아름다운 조각상이 되었단 말입니까?" 하고 물었다.

미켈란젤로는 빙그레 웃으며 말했다. "네. 물론입니다. 처음에는 그야말로 볼품없는 돌덩어리에 불과했지만 그 돌덩어리에서 쓸모없는 부분을 없애고 나니 이렇게 훌륭한 작품이 되었습니다."

현재 아이의 모습 속에서 10년, 20년 후의 아이의 훌륭한 모습을 보면서 어렸을 때부터 아이의 모난 성품, 잘못된 습관들을 다듬어 나가게 되면 미래의 세상에 선한 영향력을 끼치는 훌륭한 인물이 될 수 있다는 것을 기억하라. 자아존중감이 높은 아이일수록 자신의 꿈과 비전을 이루기 위해 스스로 목표를 설정하고 최선을 다한다는 사실이다. 아이들에게 장래의 희망을 물어보면 판검사, 의사, 교사 등 다양한 꿈을 가지고 있다. 그러나 아이들은 그 꿈을 이루기 위해서 구체적인 목표를 세우고 실력을 쌓는 일에는 전혀 관심이 없어 보인다.

하버드 경영학석사(MBA) 과정 졸업생을 대상으로 한 연구에서는 목표가 있었던 13%의 졸업생은 목표가 없었던 84%보다 10년 후 평균 2배의 수입을 올리고 있었다. 이 중 목표를 기록해 두었던 3%는 나머지 97%보다 10배의 수입을 올리고 있었다. 따라서 자녀의 목표는 구체적이어야 한다. 꿈을 꾸었다면 그것을 이루기 위해서 구체적인 목표를 세우고 도전하도록 교육하라.

아이에게 존재감 심어 주기

부모는 자신의 자존감을 회복할 뿐만 아니라 아이에게 존재감을 심어줘야 한다. 그런데 부모와 자녀간의 관계가 무너져 있기 때문에 부모가 아이들에게 자존감을 심어주는 데 어려움을 겪는 것이 사실이다. 요즘 아이들은 정말 엄마가 미쳤다고 생각하고 적개심, 적대감을 보이는 아이들이 상당히 많다. 엄마를 죽이지 않으면 자기가 죽을 것 같다는 아이들이 있을 정도이다.

아이들은 자신들에게 너무 깊숙이 들어와 있는 엄마를 밀쳐내고 싶은데 그렇게 하지 못하기 때문에 스스로 적개심을 키운다. 자기 자신을 지키고 싶어 하는 사춘기 때 엄마가 모든 것에 개입하니 더욱 힘들어 한다. 또한 말과 행동이 다른 부모를 위선적이라고 욕하고 분개하기도 한다. 아버지에 대해서는 어떤가? 아버지에 대해서도 긍정적인 것만은 아닌 것 같다. 아버지는 정서적 유대를 맺고 싶지 않은 존재, 친하게 지내기에는 너무 찌질한 존재로 생각한다.

부모들은 자식들을 위해 헌신하고 있는데 자식들은 부모 마음을 너무 몰라주는 것 아닌가 생각할 수도 있다. 부모는 공부를 묻지도 따지지도 않고 그냥 해야 하는 것으로 밀어붙이기 일쑤다. 성적과 공부 말고는 관심도 할 말도 없는 부모에게 아이들은 절망하고 있다. 어떤 자발성도 허용되지 않는 삶을 살면서 아이들은 망가지고 있다.

요즘 아이들이 즐겨 쓰는 단어가 '미친 존재감'이다. 아이들은 존재감을 중요하게 여기는 만큼 자신들의 존재감 없음에 실망하면서 스스로를 남아도는 존재로 여기고 있다. 성적이 우수한 아이들만 인정하는 세계에서 아이들은 소외되고 있는 것이다. 오로지 1등을 위해 2등에서 꼴등까지는 들러리라고 생각한다. 공부 잘하는 아이들에게도 문제는 있다. 공부만 했던 '똑똑이'들은 사람과 정서적 관계를 맺는 데는 초등학교 저학년 수준이다. 정서적 지진아라고나 할까. 엄마들은 공부하라고 몰아붙이는 것은 사실이지만 자식의 미래를 위해서 그러는 것 아닌가? 아이의 미래를 걱정하느라 부모들은 현재의 아이들을 외면하고 있다. 재미도 의미도 없는 공부 때문에 모든 것을 포기해야 하는 것은 아이들에겐 고통일 뿐이다. 부모가 원하는 공부를 '해드리기' 위해 마지못해 하는 경우도 있고 또한 그것을 견디지 못해 일탈을 서슴지 않는 경우도 있다. 이런 상황에서 무엇이 중요한지, 성공하는 자녀를 만들기 위해 아이에게 가장 우선하는 일이 무엇인지를 먼저 알고 양육하는 것이 중요하다. 부모가 아이들을 닦달하면 할 수록 피멍이 들어가고 있다는 사실을 기억하고 자녀에 대한 부모의 욕심을 내려놓고 가장 중요한 아이의 내적 덕목 먼저 가르쳐야 할 것이다.

부모들은 아이의 성공으로 자신의 삶을 증명하려고 하는 경향이 강하다. 아이를 통하지 않고서는 자신의 존재를 확인할 방법이 없기 때문에 아이 성적이 떨어지거나 공부를 안 하려고 하면 불안과 공포에 사로잡혀 광적인 집착으로 변한다. 부모 자식 사이가 원수보다 더한 관계로 전락해도 자식을 일류대학에 보내기만 하면 모든 것이 잘 될 것으로 믿고 입시 준비에 올인하고 있다. 하지만 대학은 아이의 삶에 구명조끼가 되어 주지는 못한다. 또 대학졸업장이 결코 취업을 보장해 주지는 않는다.

그렇다면 이런 상황에서 부모가 아이들을 어떻게 교육하는 것이 옳은 것인가? 공부만 열심히 하면 모든 것이 다 이해되고 용서되는 지금 같은 양육방식으로는 아이들이 건강한 성인으로 성장할 수 없다. 아이들도 집안 청소하고 요리도 돕고 이렇게 함께 더불어 살면서 가족이라는 공동체에 기여하고 돕게 해야 한다. 그래야 이타적인 마음을 가진 아이로 세상에 나가 사회의 각 분야에서 타인과 더불어 섬기고 돕고 봉사하고 헌신하며 살 수 있게 된다.

부모들은 종종 자녀들에게 "너는 엄마, 아빠처럼 살지 마라"고 가르친다. 이것은 잘못된 가르침이다. "너는 엄마, 아빠처럼 살지 마라"는 말은 바꾸어 말하면 부모 스스로가 자아존중감이 없다는 말이나 다를 바 없다.

아이의 자아존중감을 키워주기를 원하는가? 그러면 먼저 부모가 자신의 자존감을 회복하라. 부모 자신에게 먼저 당당해져라. 그리고 엄마, 아빠처럼 살지 말라는 말은 더 이상 하지 말라. 또 자신의 욕망을 자녀들에게 투사하지 말고 아이들이 스스로 자신의 인생을 개척해 나갈 수 있도록 인내하면서 기다려 주는 것이 얼마나 중요한지 모른다.

아이의 자아존중감을 높이기를 원하는가? 그렇다면 부모와 아이의 감정이 원활하게 소통이 되면 자연스럽게 아이의 자존감은 높아지게 되어 있다. 부모가 아이의 감정이 좋을 때나 나쁠 때나 그 감정을 존중하고 인정하게 될 때 자신의 존재감을 크게 느끼면서 자존감이 높아지게 되는 것이다. 부모가 아이의 자신의 감정을 인정하고 존중하게 될 때 또한 행복감을 느낀다. 서로의 감정이 소통하지 못하면 관계가 죽어있는 것과 같다. 부모들은 우리 아이가 부정적인 감정을 표출하게 되면 아이의 태도에 대해 참지를 못한다.

아이들과 감정 소통을 위해 기억해야 할 것은 아이의 감정을 인정하고 존중하면서 공감해 주는 것이다. 공감은 이유와 느낌을 의미하는 것이다. 예를 들면 아이가 몹시 기분이 좋지 않거나 속상해 할 때 "뭐가 그리 힘들어?"라고 화를 내는 대신에 "학교에서 기분 나쁜 일이 있었구나, 많이 힘들었겠구나"와 같이 아이의 감정을 공감해 주는 것이 중요하다.

또한 감정을 표현하는 방식이나 어휘 선택도 중요하다. "너 때문에 내가 못살아!", "너 때문에 화가 나 미칠 지경이야!"라고 자신의 감정을 필터링 없이 쏟아낸다면 부정적인 감정의 폭도 커져만 가는 것이다. "못 살아, 화가 나 미칠 지경이야"라는 말 대신에 "너 때문에 엄마, 아빠 마음이 불편하다. 당황스럽다"와 같은 순한 단어들을 사용하는 것이 좋다.

여기서 중요한 것은 어떤 상황에서도 감정을 억누르라는 말은 아니다. 때로는 정말 화가 나는 경우도 있다. 그런 감정을 억누를 필요는 없다. 감정을 표현하되 감정을 다스리면서 순화된 언어로 표현하는 것이 중요하다는 말이다. 인간 안에는 다양한 감정이 숨어 있다. 그 다양한 감정을 인정하고 조절할 줄 아는 지혜를 가지고 아이와 감정의 소통을 잘 하게 되면 아이도 행복해지고 더불어 아이의 자아존중감도 높아지게 되는 것이다.

문제 있는 우리 아이를 변화시키는 방법은 따로 있다. 아이의 잘못된 행동을 고치기 위해 화를 내거나 윽박지르거나 아이를 때린다면 아무런 해결책도 찾지 못하고 오히려 사이만 멀어질 뿐이다. 아이의 문제를 마음, 생활, 공부, 미래, 건강, 양심으로 나눠 아이를 변화시킬 수 있는 구체적인 방법을 제시함으로써 진심으로 아이의 마음을 이해하고 한발 더 가까이 다가서는 것이 중요하다.

사실 아이의 문제는 모두 부모에게서 비롯된다고 해도 과언이 아니다. 아이에게 지나치게 간섭하거나 권위적인 교육 방식만 고집할 경우 아이는 오히려 마음의 문을 닫을 수도 있다. 따라서 부모는 자신의 입장이 아닌 아이의 입장을 충분히 고려해 교육을 할 필요가 있다. 아이의 문제 행동은 전적으로 부모에게서 비롯된 것이라 해도 틀리지 않다. 아이가 자기 마음에 들지 않으면 무조건 화를 내거나 체벌을 가하고 있지는 않는가? 아이에게 문제가 있다면 그것은 모두 부모의 책임이다.

자존감을 높여주는 말

그렇기 때문에 아이를 혼내기에 앞서 부모들이 스스로 자신을 성찰해볼 필요가 있다. 혹시 내가 아이를 통해 대리만족을 위한 도구로 이용하고 있지는 않은가? 아이가 나의 잘못된 행동을 그대로 따라하고 있는 것은 아닌가? 이런 질문을 통해 부모 자신의 문제점을 먼저 찾아야 하는 것이다. 따라서 아이들의 문제를 바로잡기 위해서는 부모가 먼저 올바르게 행동해야 한다. 아이의 자아존중감을 높이면서 자녀의 행복을 돕는 좋은 부모가 되기를 원하는가? 그렇다면 아이를 마음껏 사랑해 주어라. 그러면 아이는 엄마 아빠의 사랑을 받고 있다는 확신을 가지면서 신뢰가 형성이 되고 긍정적인 자아와 자신감 있는 성격을 형성해 가게 된다.

엄마들은 아이가 자신의 기대치에 미치지 못하면 다그치거나 자신의 친구 아이들과 비교하면서 꾸짖는 경우가 많다.

"엄마 친구 아들은 이번에 반에서 1등을 했다는데……. 너는 왜 그 모양이니?"

그렇게 되면 아이들은 '엄친아(엄마 친구아들)'의 '엄'자만 들어도 스트레스를 받게 되는 것이다.

"형은 잘 하는데, 너는 왜 그 모양이니?"

"언니 봐라. 언니는 시키지 않아도 스스로 알아서 척척 하지 않니?"

"하람이를 봐라. 스스로 알아서 잘도 하지 않니?"

"너는 뭐가 못나서 개보다 못하는 거니?"

이런 식으로 아이들이 잘 하지 못할 때 다른 아이와 비교하며 야단치는 일이 많다.

야단칠 때만 비교하는 것이 아니다. 칭찬할 때도 항상 다른 아이와 비교를 하는 경우가 많다.

칭찬을 할 때도 이렇게 항상 다른 아이와 비교한다.

"시은이보다 더 잘했구나! 참 잘했다."

"고은이보다 더 점수가 높구나! 정말 잘했다."

아이를 이렇게 비교하는 것은 비교육적임을 명심하기 바란다.

"사람이 꽃보다 아름답다"는 말이 있다.

이 말도 어찌 보면 비교육적인 말이 아닐 수 없다.

"사람이 꽃보다 아름답다"라고 말하기보다는 사람이 이렇게 꽃처럼 아름답다고 말하는 것이 더 교육적임을 마음에 새기기를 바란다. 혹 비교를 통해서 칭찬을 하려면 이렇게 하자. 아이의 기준에서, 그리고 아이의 성장을 보면서 칭찬하는 것이다.

"어제보다 빨라졌네."

"지난주보다 책상 정리를 더 잘 했구나. 엄마도 아빠도 기분이 너무 좋다."

"지난 번 성적보다 아주 많이 올랐구나."

자신이 전보다 좋아졌다고 느끼면 아이는 자신감과 용기가 솟게 되는 것이다. 그리고 더욱 잘 하고 싶은 마음이 들게 된다. 그러기에 다른 아이들과 비교를 하거나 아이를 부모의 기준으로 비교하지 말고 그 아이 나름의 성장을 인정해 주어야 한다. 비교한다고 아이를 사랑하지 않는 것은 아니지만 비교하는 동시에 아이들은 부모의 사랑을 의심하게 된다. 공부를 잘 하든 못 하든, 칭찬을 받든 꾸중을 듣든 아이들이 부모의 사랑을 의심하지 않게 해 주어야 한다.

그리고 아이의 자아존중감을 높이려면 아이들과 소통의 끈을 유지할 필요가 있다. 아이의 고민이 무엇인지, 아이의 관심사가 무엇이고 아이의 꿈이 무엇인지 끊임없이 대화를 통해서 마음과 마음을 서로 소통할 수 있어야 한다. 대화가 통해야 아이의 고민과 갈등, 문제를 알 수도 있고 해결해 줄 수도 있는 것이 아니겠는가? 대화를 할 때 주의할 점은 아이의 입장에서 생각하고 아이의 의견을 충분히 존중해 주고 부모의 의견도 솔직히 전달할 필요가 있다.

그리고 아이에게 칭찬을 아끼지 말아야 한다. 칭찬은 고래도

춤을 추게 한다고 하지 않던가? 칭찬은 아이에게 잘 하고자 하는 의욕을 북돋아 주며 공부에 대한 긍정적인 자세를 갖게 하는 중요한 요소이다. 부모들은 아이를 칭찬할 때도 항상 결과를 가지고 하게 된다. 과정이야 어떻든 결과가 좋으면 된다는 사고에서 부모들이 벗어나야 한다. 아무리 결과가 좋아도 과정이 올바르지 못했다면 그 결과는 아무런 의미가 없다는 것을 지적해 줄 필요가 있으며 비록 결과가 좋지 않더라도 과정이 바르고 좋았다면 도리어 그 과정을 칭찬해 줄 수 있는 넉넉한 마음이 있어야 한다.

칭찬을 아끼지 않는 부모들을 살펴보면 칭찬의 기준을 다른 아이에게 두는 것이 아니라 내 아이 그 자체에 두는 것을 보게 된다. 즉 다른 아이와 비교를 하게 되면 결코 칭찬을 할 수가 없다는 말이다. 이렇게 부모의 칭찬을 듣고 자란 아이는 자아존중감이 높아져서 자신은 물론이고 다른 사람까지 행복하게 하는 긍정적인 아이로 성장하게 될 것이다.

제**8**장

역사의식이
있는 아이로
키워라

근래에 와서 역사의식에 대한 관심이 높아지고 있다. 그 이유는 국민들의 역사의식은 물론이고 학생들의 역사의식의 부재 때문이다. 필자가 수업시간에 아이들에게 〈동북공정〉이라는 말을 한 번이라도 들어보았거나 그 내용을 알고 있는지를 학생들에게 물어 본 적이 있다. 한 반에 한두 명 정도가 들어 보았거나 극소수만이 그 내용을 알고 있었다.

아이들이 건강한 자아 정체성을 형성하도록 하기 위해서는 어렸을 때부터 바른 역사교육이 절실히 필요하다. 왜냐하면 바른 역사의식이 건강한 자아 정체성의 기초를 이루기 때문이다. 역사 속에 어떤 사건을 균형 잡힌 시각에서 바라보고 국가의 미래를 바른 방향으로 이끌어 나갈 수 있는 통찰력을 역사에서 얻는 것이 중요한데 이런 통찰력을 가지기 위해서는 어렸을 때부터 바른 역사의식을 가져야 가능한 일이다.

역사를 공부하는 목적은 역사를 통해 나, 가족, 지역사회, 국가, 민족, 세계 등의 과거와 현재의 모습을 제대로 파악할 수 있을 뿐만 아니라 역사를 통해 삶의 지혜와 교훈을 얻고 깊이 성찰하는 마음과 태도를 가질 수 있고 과거의 역사적인 일들을 제대로 평가하는 과정에서 봉착해 있는 현실의 문제에 옳고 그름을 판단하는 분별력과 지혜를 얻을 수 있게 되는 것이다.

한국인으로서의 바른 정체성을 확립하지 못하고 우리의 것을 하찮게 여길 뿐만 아니라 문화 사대주의에 젖어 살아가는 우리 아이들에게 우리나라의 역사와 그 역사의 한 가운데 존재하고 있는 내 자신을 바로 보게 하는 것이 얼마나 중요한지 모른다. 역사의식은 자신이 역사적 존재라는 사실을 인식하는 데서부터 시작한다. 역사의 의미를 이해하고 역사로부터 배워야 만이 그 역사적 통찰력을 통해 미래의 비전을 창조해 낼 수 있다.

우리는 역사적 존재들이다. 우리 개개인의 역사는 자신의 나이로 한정지어지는 것이 아니다. 한민족 전체의 마음과 영혼의 역사가 우리 개개인의 의식 속에 함께 살아있다. 대한민국에 태어난 것은 내가 선택한 것이 아니다. 그러나 진정한 한국인이 되는 것은 숙명이 아니라 나의 선택으로 만들어져 가는 것이다. 내가 누구인지 알려면 이 나라가 어떤 나라인지를 알아야 하고, 이 민족이 어떻게 생겨났으며 어떤 역사를 가졌고 어떻게 해서 지켜온 나라인지를 알아야 한다. 그런데 우리 교육의 가장 큰 문제가 아이들에게 바른 역사의식을 심어주기 위한 노력이 너무나도 부족하다는 것이다.

교육자들에게 역사의식을 강조하면 "나는 역사와는 관계없는 과목 선생입니다. 그것은 역사 선생의 몫이 아닌가요?"라고 반문하는 교사가 많이 있다. 역사의식이 없는 사람은 자신의 전문 분야에서 전문가적인 역량을 발휘할 수 있을지는 몰라도 거시적이고 종합적인 관점에서 문제를 조망하는 통찰력과 미래를 설계하는 능력이 떨어지게 된다. 자라나는 후손들에게 가장 먼저 우리 민족의 역사, 민족의 정신과 문화를 가르쳐야 한다. 우리 아이들에게 민족의식을 키워 주는 것이 곧 인류를 위한 교육임을 한 순간도 잊지 말아야 한다.

지금 주변국가의 역사왜곡이 심각해져 가고 있는 현실 속에서 국가 차원에서 한국사 교육을 강화하고 있는 것은 그나마 다행스런 일이다. 그런데 한국 역사 교육 강화에 대한 아이들의 반응은 신통치 않아 보인다. 왜냐하면 한국사 필수가 가져 올 시험에 대한 수험생들의 압박감과 부담감 때문일 것이다.

중국의 동북공정

중국은 동북공정이라는 대형 프로젝트를 진행하는 과정에서 한국의 역사를 왜곡하고 있고 일본은 독도를 '다케시마'라며 일본에 편입하려 하고 있는 현실에서 아이들에게 바른 역사의식을 고취시키는 일은 매우 중요하다. 일본이 왜 독도를 자기네 땅이라고 우기는지, 독도문제의 본질을 꿰뚫어 볼뿐만 아니라 장차 이 나라와 민족을 위해 우리 자녀들이 무엇을 해야 할지 조국 대한민국을 사랑하는 마음으로 진지하게 고민해보도록 역사의식을 심어 줄 필요가 있다.

독도는 우리 땅이라고 노래만 부른다고 우리 땅이 되는 것이 아니다. 탁월한 외교적 실력과 바른 역사의식을 가진 외교관을 키워서 세계 곳곳을 누비면서 독도가 왜 대한민국의 땅인지를 세계에 알리고 왜곡된 역사를 바로 잡을 탁월한 실력의 외교관들을 키워야 할 것이다. 엄청난 예산을 들여가면서 동북공정이라는 대형 프로젝트를 진행하고 있는 중국은 고구려의 역사를 왜곡하면서 남북이 통일이 되었을 때를 대비하고 있다.

동북공정(東北工程)이란 중국이 '동북 변강역사와 현상황에 대한 계역연구 공정(東北邊疆歷史與現狀系列研究工程)'의 줄임말인데, 중국 동북 3성 지역(에이룽장성, 지린성, 랴오닝성)에서 일어난 과거 역사와 그로 인해 파생되어 나온 현대사와 미래사를 연구하는 사업이다.

주요 내용은 '중국 국경 안에서 일어난 모든 역사는 중국의 역사'라는 것이며, 따라서 한국의 고대사인 고조선과 고구려, 발해 역사도 고대 중국 역사의 일부분이라는 주장이다. 중국은 학술적 차원을 벗어나 고구려, 발해 유적지를 훼손시키고 표지판이나 안내문 학교의 교재 등을 통해 거짓 역사를 일반인들에게 퍼뜨리며 역사왜곡과 문화말살을 진행하고 있다. 동북공정으로 우리의 역사를 자기들 것이라고 우기는 것으로도 모자라 이제는 아리랑까지도 모두 중국의 것으로 만들려는 문화공정을 계속 시도하고 있다.

지금 중국 정부는 동북공정이라는 대형 프로젝트를 통해 일방적인 자기합리화로 논리뿐만 아니라 양적으로 조선사와 고구려사 및 그 후대의 모든 역사를 중국사로 채색하는 데 혈안이 되어 있다. 그러나 정작 리앙 첸이라는 이름의 북경대학교 동북공정 책임자 교수는 스스로 동북공정이 학술이 아니라 정치이며, 이익의 관점에서 추진되고 있음을 밝히고 있다. 동북공정을 주도하고 있는 북경대학교 교수의 충격적인 발언은 우리의 분노를 자아내기에 충분하다.

다음은 서울대학교 정치학과의 한 커뮤니티에 올라온 중국 유학생의 글로 북경대학교 교수인 리앙 첸 교수의 "만주역사는 과거 사실의 문제가 아닌 미래이익의 문제" "동북공정은 북한처리 대비책략"이라는 주제의 강의를 듣고 쓴 것이라고 한다. 여기에는 특히 오랜 동안 중-미에 의한 북한 분할론을 지속적으로 펴온 시대소리의 관점과 정확히 일치하는 내용이 있어서 큰 의미를 지닌 글이라고 볼 수 있다.

중국의 고구려 역사왜곡이 국내언론의 관심을 받기 전인 작년에, 나는 리앙 첸 교수의 〈동북아시아 근대 정치사〉라는 과목을 수강한 적이 있었다.

학사과목이긴 했지만, 유학 중이던 당시 한국과는 전혀 다른 중국의 만주 역사관에 관심을 갖게 되었고, 사실상 중국의 정치역사학의 중심이자 가장 보수적인 동시에 중앙정부의 학술지원의 방향에 절대적인 영향을 미치는 북경대학교였기 때문에 호기심이 동해 수강한 것이다.

리앙 첸은 정부의 학술 고문을 지내고 있는 저명한 정치학과 교수로 역사학 석학위도 가지고 있고, 현재 중국학계의 고구려 역사왜곡을 주도하고 있는 교수다.

당시 그 과목의 수강 인원은 약 30명 정도였는데 한국인은 나 혼자였다.

아마 학기 중간쯤인가?

일제의 만주국 건설에 대한 부분을 다루면서, 마침 만주사에 대한 한국과 중국 정부의 시각차에 대한 이야기가 나왔었다.

리앙 첸 교수는 그때 한국과 중국의 만주 역사관의 차이를 이야기하며 "이것은 과거가 아닌 미래에 관한 문제이며, 만주가 아닌 북한에 관한 문제다"라고 말했다. 그리고 매우 충격적인 이야기를 했다. 아마 그는 한국인인 내가 그 과목을 수강하고 있다고는 생각하지 못한 듯했다.

사실 과거에 만주에 어떤 나라가 있었든 현재 만주 지역이 중국의 영토임은 논란의 여지가 없는 부분이다. 그러므로 중국으로서는 만주 변방 영토의 역사를 자국 역사로 편입시키는 데는 어떤 실익이 있는 것은 아니라고도 할 수 있는데, 현재 중국학계에서 나타나고 있는 만주 역사관의 대대적 재규정의 움직임은 향후 발생할 북한 영토의 주요문제를 고려한 정부의 개입으로 야기된 것이라는 것이다.

리앙 첸은 북한은 길어야 10년 이상 존속할 수 없을 것이며, 아마 군부 내의 쿠데타가 일어날 것이 거의 확실해 보인다고 말했다. 또한 현재의 김정일 라인을 제외한 군 수뇌부의 인물들이 모두 친중파인 데다 쿠데타의 중심에 누가 있건, 반란 주도세력은 남한의 군사적 움직임에 대항해 독립한 정권을 유지하기 위해 중국의 군사력에 의존할 수밖에 없다는 것이다.

중국 정부에서는 이 상황에서 혁명세력 정권을 인정하고 군사적인 지원을 하면서 북한 지역을 북방 자치성들과 군사 연방화하고 장기적으로는 북한 지역을 중국의 지방 정권화하는 가능성을 심각히 고려하고 있다는 것이다.

이 때 중국 정부로서 가장 부담되는 것은 남한과의 영토 분쟁이다. 상황 발생 시 북한에 대한 남한 측과의 영토 분쟁은 거의 피할 수 없는 것인데, 북한과 남한의 역사적 동일성이 너무 커서 영토분쟁에 대한 국제 여론을 기대할 수도 없을 뿐더러 국제재판에 회부될 경우 거의 확실히 중국이 패소하게 된다는 것이다.

그래서 중국 정부는 향후 가능한 북한에 대한 사실적 군사 지배를 국제재판에서의 승리로 이끌 장기적인 전략을 구상중이라고 한다. 국제 재판에서 영토를 인정하기 위해서는 영토임을 주장하는 국가가 다음 3가지를 입증해야 한다.

1. 영토의 사실적 점유
2. 영토의 역사적 점유
3. 영토 점유의 계속성과 정당성

1번 같은 경우 쿠데타 후 군사적 지원과 군사 연방화를 통해 북한에 대한 중국의 사실적 점유는 충족될 수 있다. 그리고 국제재판 회부 이전까지 30년 정도 이 연방을 물리적으로 유지할 경우 영토의 사실적 점유는 국제 사법상 인정 가능한 요건으로 성립한다. 3번 같은 경우, 정당성에 관해서는 북한 혁명정부를 통해 북한 영토를 인수받으며 만족될 수 있다.

문제가 되는 것은 2번 영토의 역사적 점유와 3번 영토점유의 계속성이다. 중국은 북한 지역을 역사적으로 점유한 예가 없고 그러므로 당연히 영토 점유의 계속성을 주장할 수도 없다는 것이다.

그렇다면 중국이 북한이 자국 영토임을 주장할 수 있는 방법은? 그렇다. 만주 지역에 세워진 조선족 국가들을 자국 역사에 편입함으로써 영토의 역사적 점유를 충족시키고 그것을 사실상의 점유와 연관시켜 계속적 점유까지 충족시키는 것이다.

리양 첸은 현재 중앙정부는 그러한 장기적인 안목을 가지고 학계에 대한 지원을 하고 있다고 말했다. 그리고 그는 "만주 역사는 과거 사실의 문제가 아닌 미래의 이익의 문제다. 너희는 그것을 학술적으로 접근할 필요도 없고, 한국과 논리적인 토론에 말려들어가서도 안 된다. 이것은 정치의 문제이고 너희는 정치를 배우고 있음을 명심해라"라고 말했다.

첸 교수의 마지막 한 마디가 잊히지 않는다.

"너희가 관심을 갖고 열심히 한다면 30년 후 중국 땅은 남한 바로 위까지 더 넓어져 있을 것이다."

당시는 첸 교수가 미쳤다고 생각했지만 현재 중국학계의 움직임을 보면 그때 그가 말한 것이 사실임을 의심할 수가 없다. 왜 국내 언론에선 이런 이야기가 다뤄지지 않는지 중국의 국가기밀을 정부 학술고문인 교수아래 수강하던 내가 우연히 들은 건지 요즘 뉴스를 보다 보면 정말 심란하다. 우리나라도 중국의 움직임을 주시하고 있을 테지만 좀 계획적이고 치밀하게 움직여야 하지 않을까? 북한이 역사를 되풀이하는 것을 막기 위해서……

2012년 4월 27일에 열렸던 IHO(국제수로기구) 총회에서의 동해 표기가 성공하기를 염원했지만 안타깝게도 한국과 일본의 의견 차로 결론을 내지 못한 채 결정은 5년 뒤인 2017년 총회로 미뤄지게 되었다. 일본의 고지도에도, 서양의 고지도에도 '동해' '한국해'라고 분명히 쓰여 있는데 우리 바다의 이름을 찾아오기가 이렇게 힘이 들다니 안타까운 마음뿐이다.

신문기사에 의하면 국제수로기구의 동해 표기 논의 과정에서 일본이 큰 타격을 받았고, IHO에서도 앞으로 일본해 단독 표기는 불가능하게 되었다고 했다지만 그동안 독도 문제로 일본이 취해온 태도를 볼 때 5년 뒤 어떤 변수가 있을지 모른다는 생각에 안심할 수만은 없는 일이다.

일본의 왜곡된 역사인식

최근에는 일본의 아베 총리는 총리 직속으로 독도 전담부서를 설치하기로 결정했다. 일본 정부가 새로 설치하기로 한 부서는 '영토·주권대책 기획 조정실'로 알려졌고, 독도와 센카쿠 문제를 담당하게 된다고 한다. 즉 영토 문제를 중앙 부처 차원으로 격상시키고 더 나아가 총리가 직접 챙기겠다는 의도가 아닐 수 없다. 일본 관방장관은 "새 부서를 통해 영토 문제 대응태세를 정비하고, 관련 부처와 긴밀히 연계해 국민 여론을 조성할 생각이다"라는 입장을 발표하기도 했다.

2차 세계대전을 일으킨 독일과 일본, 둘 다 패전했지만 이후 피해국에 보인 모습은 정반대이다. 침략을 사죄한 독일과 침략전쟁을 부인하는 일본이 왜 이렇게 다른 것일까? 1945년 8월 15일은 제2차 세계대전에서 일본이 패망한 날이다. 하지만 미군정이 끝나기도 전인 1951년 9월 요시다 시게루 총리는 일본 내 한국인을 '뱃속의 벌레'라며 망언을 시작한다. 그리고 1952년 4월 미군정이 끝나자 일본은 끝도 없는 망언을 쏟아냈다. 한·일 회담 일본 대표는 일본 통치는 은혜이며 창씨개명은 동등한 대우라고 주장했고 1994부터는 '군대위안부'도 합리화에 나섰다. "일본의 아시아 침략은 영광스러운 제국주의다." 단어만 바뀔 뿐 일본 정치인의 식민지 시혜론과 침략전쟁 부인은 되풀이되고 있다.

최근에 침략전쟁을 부인한 아베 신조 총리의 발언도 같은 맥락이다. 그러나 망언 제조기인 일본과 전혀 다르게 독일은 진심 어린 사죄로 전범국에 대한 선입견을 바꿨다. 1970년 12월, 빌리 브란트 서독 총리는 폴란드 바르샤바 유태인 위령탑 앞에 무릎을 꿇고 사죄하고 용서를 구했다. 이렇게 전후 독일과 일본이 이처럼 다른 이유는 다른데 있지 않다. 연합군은 독일 나치 정권의 대표적인 전범 12명을 사형시켰다. 반면에 일본 전범 재판은 미국이 주도하면서 미군정에 대한 반발을 막기 위해 히로히토 일왕을 심판대에도 세우지도 않았다. 이후 선진국으로 도약한 일본은 사죄하지 않아도 손해 볼 것 없다는 입장을 견지했다. 결국 일본의 계속된 망언은 잘못된 전범 처벌과 국제 사회의 힘의 논리의 산물로 볼 수 있을 뿐만 아니라 점점 노골화되고 있는 일본의 우경화의 행보는 일본정치를 70년이나 후퇴시켰다고 볼 수 있다.

이렇게 왜곡된 역사의식으로 과거의 잘못을 부정하고 있는 일본과의 여러 가지 문제들, 특별히 독도와 동해 문제도 우리를 불안하게 하지만 호시탐탐 우리의 역사와 문화를 노리고 있는 또 하나의 숙적이 바로 중국이다. 동북공정으로 우리의 역사를 자기

들 것이라고 우기는 것으로도 모자라 이제는 한글, 아리랑까지도
다 중국의 것으로 만들려는 문화공정을 계속 시도하고 있다. 독
도, 동해와는 달리 중국의 침탈야욕에 대해서는 아직 홍보가 많
이 되지 않아서 한참 역사를 배우고 있는 우리 아이들조차 이런
사실에 대해 자세히 모르고 있고, 이에 방심하고 있다가는 당연
히 내 것이라고 생각했던 것들도 허무하게 빼앗길 수 있다는 사
실이다.

아이들의 역사의식의 수준

무엇보다 현재 진행되고 있는 역사왜곡의 실상에 대해 우리 아이들이 얼마나 정확히 알고 있는지 피스 클럽(Peace Club)에서 청소년의 역사의식에 대한 설문조사를 실시한 적이 있는데 이 조사는 한국 역사에 대한 중국과 일본의 그릇된 주장, 한국사 교육 강화에 대한 의견, 한국사 과목의 필수과목화, 동북아 역사 갈등 문제에 대처하기 위해 우리 청소년들이 할 수 있는 활동을 파악하기 위해 조사한 것인데 최종 분석 자료를 보면 다음과 같다.

"동북아 역사 갈등을 듣고 가장 먼저 생각나는 것은 무엇인가?" 이 질문에 대해서는 중국, 일본, 독도, 고구려, 동북공정, 발해 역사왜곡, 광개토대왕 등의 대답이 나왔다. 그 다음으로 생각나는 것에는 고조선, 아리랑, 문화공정, 한글, 위안부, 역사 교과서, 영토분쟁, 이어도, 한·중·일 기득권 다툼, 6·25, 백두산, 만주 대륙, 욱일기 등의 답이 있었다. 질문의 내용과 전혀 관련이 없는 답변도 상당수 있었지만 아무것도 생각나는 것이 없다고 답한 학생들도 생각보다 많았다는 보고이다.

그리고 다음은 교과부에서 추진하는 '역사교육 강화방안'과 '한국사 필수'를 지지하는 서명운동에 1200명의 학생들이 참여한 분석 결과이다. "중국과 일본의 주장에 대한 학생들의 인지도는 어떤가?" 위의 단답형 질문에 이어 실제 벌어지고 있는 중국과 일본의 역사왜곡 주장에 대해 학생들이 얼마나 알고 있는지를 조사를 한 것인데, 다음 16개 질문을 주고 들어본 적이 있는 문항에만 체크를 하도록 했다. 괄호 속 숫자가 들어보았다고 답한 학생들의 비율이다.

고조선의 역사는 기자조선-위만조선-한사군으로 이어지는 중국사다. (41%)

고구려는 중국 민족이 세운 중국의 지방 정권이다. (51%)

고구려는 중국과 조공·책봉관계를 맺은 지방정권이다. (33%)

고구려와 수·당과의 전쟁은 중국 내부의 통일전쟁이다. (27%)

고구려 유민 중 중국인이 된 사람이 더 많으므로 고구려는 중국사이다. (35%)

고려는 고구려를 계승한 나라가 아니다. (42%)

부여족은 한민족과 아무 관계없는 중국 고대 소수 민족 중의 하나

다. (27%)

발해의 국호는 말갈국이다. (27%)

발해는 중국의 지방정권이다. (40%)

고구려의 박작성은 중국의 만리장성 시발점인 호산장성이다.
(11%)

아래 13개 무형문화재는 중국의 국가 무형문화다. (23%)
〈조선족 농악무, 널뛰기(그네 포함), 퉁소, 학무, 장고무, 삼노인 공
연극, 회갑연, 전통혼례, 의복, 아리랑, 가야금 예술, 조선족 회혼례 〉

중국 국무원은 이미 2006~2011년 위의 13개 한국문화를 중국의
국가무형문화유산으로 기록했다. (17%)

아리랑은 중국의 문화로 세계무형문화유산에 등재되어야 한다.
(38%)

ISO(국제표준화기구)에 한글국제표준을 추진할 자격은 중국에 있
다(한글공정). (15%)

한국은 우산도가 독도라고 주장하고 있으나 우산도(독도)는 울릉
도와 같은 섬이거나 실재하지 않는 섬이다. (28%)

1905년 독도는 시네마현에 편입되어 일본의 영유 의사를 확인했다. (40%)

일본과 중국의 그릇된 주장에 대한 정치사 9개 문항과 사회 문화사 6개 문항에 대해 중학생 응답자는 총 문항 모두에 대해 50% 이하로 잘 모르고 있는 것으로 나타난 반면, 고등학생 응답자는 "고구려는 중국 민족이 세운 중국의 지방 정권이다"가 잘못된 주장으로 53%가 인식하고 있는 것으로 나타났다. 그러나 이 문항을 제외하고 중학생과 마찬가지로 50% 이하의 인지도를 나타내 중국과 일본의 역사 왜곡 사실은 알고 있지만, 그 내용에 대해서는 구체적으로 알지 못하고 있는 것으로 나타났다.

특히 "고구려의 박작성(泊灼城, 고구려의 성 중의 하나로, 현재 단둥시에서 20km 떨어진 호산[虎山]에 위치)은 중국의 만리장성의 시발점인 호산장성"이라는 중국의 주장에 대해 가장 모르고 있는 것으로 나타났으며 사회 문화사의 왜곡된 주장에 대한 인지도가 정치사에 비해 상대적으로 낮은 것으로 나타났다.

중요한 것은 우리 아이들이 역사를 제대로 인식하지 못하고 있을 뿐만 아니라, 국·영·수에만 매달리고 있기 때문에 이곳 고구려의 박작성에 가서 조선족 가이드가 설명하는 대로 만리장성의 동단기점이라고 하는 허구적인 설명에 고개를 끄덕거리고 기념사진을 찍고 블로그, 싸이 홈피 등에 만리장성 호산장성에 다녀왔다고 올린다는 점이다.

분명한 것은 고구려의 박작성의 명백한 흔적이 남아 있고 고증까지 했고, 삼국사기 고구려본기를 비롯해서 중국의 고고학연감, 고구려 고성연구 등 중국학자들이 펴낸 책에도 우리의 역사임을 분명히 하고 있으며 명나라 때 대명여지도에도 만리장성은 산해관까지라고 되어 있기 때문에 고구려의 박작성은 우리의 역사라는 사실을 바로 알아야 할 것이다.

이렇게 아이들의 역사의식이 부족한 상황에서 어떻게 하면 아이들에게 역사의식을 심어줄 것인가 고민하지 않을 수 없다. 아이들 역식도 그동안 역사에 대한 관심이 너무 없었고 이대로는 안 되겠다는 의식은 있는 것 같아 보인다.

그렇다면 우리 아이들에게 역사의식을 심어 줄 수 있는 여러 가지 방법들이 있겠지만 그 중에 제일 좋은 방법은 역사를 직접 체험할 수 있는 프로그램이나 활동에 적극적으로 참여하도록 하는 것이다. 동북아 역사 갈등 문제에 대처하기 위해 우리 아이들이 할 수 있는 활동은 다양한 인터넷 매체들을 통해 우리 역사를 바로 알린다든지, 정기적으로 역사를 체험할 수 있는 프로그램에 참여를 한다든지, 또는 역사 관련 기관의 멘토링 프로그램에 참가를 하는 방법 등 다양한 활동에 참여하도록 하는 것이 좋을 듯싶다. 또한 학교에는 교내외적으로 다양한 역사 바로 알기 대회를 개최해서 아이들로 하여금 자발적으로 참여하도록 하는 방법도 있을 것이다.

피스 클럽(Peace Club)에서 실시한 설문조사의 결과로 미루어 볼 때 중·고등학생 모두 중국과 일본이 우리 역사에 대해 그릇된 주장을 하고 있다는 사실을 알고는 있지만 구체적인 내용에 대해서는 잘 알고 있지 못하다는 것을 알 수 있다. 그렇기 때문에 역사교육의 강화가 필요하고 한국사 과목을 필수 과목으로 정해서 교육함으로 학생들에게 역사 인지도를 높여주는 것이 무엇보다도 중요하겠다.

또한 역사교육 방식은 암기 위주의 주입식 수업방식보다는 체험 위주의 역사교육 방식으로 역사공부가 즐겁도록 해 주고 토론이나 탐구, 체험 중심의 다양한 역사 프로그램을 확대해 나가는 노력이 중요하겠다.

예를 들면 만주 일대 독립운동 사적지와 고구려 유적지를 둘러본다든지 일제에 항거하다 쓰러진 안중근 의사와 신채호 선생 등이 옥고를 치른 중국 여순 감옥을 찾아간다든지 고구려 최초의 도읍지였던 졸본성을 다섯 선녀들이 내려왔다는 전설의 오녀산성으로 바꿔버린 현장을 목격하게 한다든지 장군총과 광개토왕릉비 등 고구려 역사 유적들을 중국의 역사로 둔갑시키는 그릇된

중국의 역사관을 아이들로 하여금 몸소 체험하게 한다든지 해서
아이들로 하여금 올바른 역사의식을 어렸을 때부터 심어주어야
할 것이다.

제9장

좋은 멘토(Mentor)를 만나게 하라

요즘 교육의 실태를 보면 짜증부터 밀려오는 것이 사실이다. 수시로 입시제도가 바뀌면서 아이들은 입시지옥에 내몰려 삶의 진정한 의미를 잃어버리고 학원과 학교를 오가면서 오직 일류대를 목표로 공부에만 매달리고 있는 것은 어제 오늘의 일이 아니다. 이 목표는 아이들 스스로가 세운 것이 아니라 사회적 분위기와 거기에 편승한 부모들이 세운 목표임은 두말 할 것도 없다.

그러나 일류대학 입학으로 아이의 인생의 목표가 달성되는 것이 아니다. 일류회사를 가기 위해 대학에 가서도 전공과는 전혀 상관없이 또 학원을 다니며 공부하고 일류회사에 가면 보장된 경제력을 유지하기 위해 경쟁하며 승진을 위한 목표를 세워야하고 안정된 노후를 위해 벌어야 한다는 생각으로 돈벌이에 매달린다. 이 모든 것이 행복한 삶을 살기 위해서라고 하지만 정작 행복한 삶은 미래에만 존재하고 현재에는 없다.

그래서 일류대학을 목표로 아이의 실력을 향상시키기 위해서라면 부모들은 돈이 문제가 되지 않고 엄청난 과외비를 주고서라도 실력 있는 과외선생님을 찾는 데 혈안이 되어 있다. 실력 있는 과외선생님을 만나게 해 주는 것도 중요하지만 이보다 더 중요한 것은 아이들의 인생을 송두리째 바꿔놓을 만한 일류선생, 좋은 멘토를 만나게 해 주는 것이 더 중요하다.

우리 아이들이 자신만의 위대한 꿈을 키우고 그 꿈을 실현하여 성공하는 자녀로 키우고 싶다면 좋은 멘토를 만나게 해 주어야 한다. 아이들은 미래에 대한 꿈을 꾸며 성장한다. 그 과정에서 자신에게 맞는 좋은 멘토를 만나게 되면 아이들은 꿈에 대한 분명한 동기를 얻을 수 있고 꿈을 실현할 수 있게 된다.

책을 통해 성공한 세계 인물들에서 올바른 인성과 가치관을 배울 수 있도록 기회를 제공해 주는 것도 중요하다. 책이 멘토가 되도록 아이들에게 책을 가까이 할 수 있는 습관을 길러 주어라. 요즘 성적 위주의 교육으로 이른바 명문 대학으로 보내는 것이 성공을 향한 지름길이라 여기고 있다. 이러한 행태는 비도덕적인 행동을 유발해 왕따, 폭력 등 심각한 청소년 문제를 낳고 있다. 이로 인해 자녀들의 인성 교육의 중요성이 부각되고 있다.

멘토의 중요성

책을 통해 성공한 세계 인물들에게 인성을 배우게 하려면 『멘토52』라는 책을 읽게 하는 것도 좋을 듯싶다. 이 책은 아이들의 인성 교육을 위해 성공한 세계 인물들에게 배울 수 있는 인성을 담고 있다. 현 시대를 이끌어 나가는 인물 52명을 통해 지구촌 곳곳에서 일어나는 시사 상식을 한눈에 접할 수 있다. 새로운 일에 도전하는 용기, 희망을 잃지 않는 긍정적인 마음, 꿈을 향해 노력하는 열정, 가진 만큼 베푸는 나눔의 삶, 가치 있는 삶을 만드는 지혜, 위기를 극복하는 강인한 정신력, 서로 돕고 힘을 모으는 협동 자세, 맡은 일에 책임을 다하는 행동, 자신을 당당하게 드러내는 자신감 등 인생을 살아가는 데 꼭 필요한 인성을 아이들에게 심어 줌으로써 아이들을 올바른 방향으로 인도해 줄 것이다.

어렸을 때 인성교육이 중요한 것은 아이들이 올바른 가치관을 확립하는 데 큰 영향을 끼칠 뿐만 아니라 아이의 자존감을 키우는 데 중요한 역할을 한다. 필자는 학교 현장에서 정체성의 혼란을 겪고 있는 아이들을 보면서 안타까울 때가 많다. 그들보다 어른인 나도 확신이 안 설 때가 많은데, 목사와 교사라는 위치에서 어떤 말을 해 주어야 할지 고민스럽고 부담스러운 것이 사실이다. 필자의 큰 아이는 중학교 2학년인데, 어디로 튈지 모르는 아이와 전쟁 중이다. '중2병'이라는 말이 있다. 중학교 2학년 또래의 사춘기 청소년들이 가진 심리를 빗댄 말이다. 허세가 충만하고 반항과 멋 부리기가 특징인데 부모가 뭐라고 말을 끝맺기도 전에 "알았어!"라며 말을 끊어 버리는 아이를 보면서 하루에도 속이 열두 번도 더 뒤집어진다.

친구의 말은 들어도 부모 말은 죽어라 듣지 않고 외모 꾸미기나 연예인에 푹 빠져 있는 아이들, 필자의 아이도 B1A4에 푹 빠져 있다. 잘못을 지적하면 버럭 화를 내기 일쑤이고 자기가 알아서 하겠다고 큰소리치고는 전혀 알아서 하지 못하고, 꿈은 거창하지만 그 꿈을 이루기 위해 공부하지 않는 아이를 보면서 이런 아이를 어떻게 키워야 될 것인가 고민이 많이 있다. 중학생을 둔 부모라면 초등학생 때의 고민은 고민도 아닐 정도로 수많은 고민과 갈등을 겪게 된다. 그러나 아이들의 행동을 보면 이들이 근본적으로 나빠서 그런 것이 아니라 그것이 아이들의 문화이기 때문이다. 이런 아이들도 좋은 멘토를 만나게 되면 인생이 달라진다.

멘토(Mentor)라는 용어의 유래

멘토라는 용어는 원래 그리스 신화 『오디세이아』에서 출발한다. 오디세우스가 트로이 전쟁 길에 오를 때 어린 아들 텔레마코스의 장래를 자신의 오랜 친구인 멘토에게 부탁했다. 멘토는 오디세우스가 돌아올 때까지 텔레마코스의 친구로서, 스승으로서, 아버지로서의 역할을 하며 그의 성장에 필요한 모든 정신적 자산을 물려주었다. 그 덕분에 오디세우스가 20년 만에 고향 땅에 돌아왔을 때 아들은 누구보다 훌륭한 젊은이가 되어 있었다. 그 이후로 멘토는 '아버지와 같은 스승, 한 사람의 삶에 필요한 지혜를 주고 인생을 바른 길로 이끌어주는 사람'이라는 뜻의 보통 명사로 쓰이게 되었던 것이다.

이렇게 보면 멘토링(Mentoring)은 옛날부터 있어 왔다. 소크라테스가 제자들과 주고받은 문답이 그랬고 아들에게 160여 편의 편지를 썼다는 퇴계 이황이 그러했다. TV 프로그램을 보면 선배 멘토의 심사 아래 가수와 연기자 지망생들이 오디션으로 걸러지고 또 키워지는 것을 보게 된다.

멘토는 때로 질책으로, 따뜻한 조언으로 다듬어지지 않은 원석을 보석으로 거듭나게 한다. 특히 〈위대한 탄생〉이라는 오디션 프로그램에서는 멘토라는 제도를 도입하여 가능성 있는 인재들을 더욱 유망하게 이끌어주도록 했다.

그 안에서도 각 멘토마다 특성이 달라 카리스마형, 독설형, 온화형 등으로 구분되어 다양한 인재들을 이끌었는데 결과적으로는 부활의 기타리스트 멘토 김태원의 제자들이 가장 많은 지지와 호평을 받았다. 수많은 멘토 중에서도 국민들이 김태원 식의 멘토 방식에 가장 큰 공감을 보냈던 것은 아마도 그의 멘토 방식 덕분이 아닌가 싶다. 관심을 가진 듯 안 가진 듯, 하지만 항상 어딘가에서 신경을 써주고 있고, 제자들에게 방법과 방식의 강요가 아닌 자연스럽게 그들의 능력이 발휘될 수 있도록 길을 터주는 요령으로 말이다. 이러한 멘토로서의 이끌어 감은 한 사람의 인생의 얼마나 큰 영향을 줄 수 있는지 잘 알 수 있는 부분이었다.

세상에서 가장 좋은 멘토

　그렇다면 세상에서 가장 좋은 멘토는 누구일까? 아마도 부모가 아닐까 생각을 한다. 옛말에 "아이는 어른의 등을 보고 자란다", "아이는 어른의 거울이다", "아이는 어른의 발자취를 따라 간다"는 말이 있다. 부모가 성실하고 먼저 좋은 본을 보이게 되면 아이들은 자연스럽게 부모를 따라하게 되고 부모를 닮아가게 된다. 부모가 책을 많이 읽으면 아이도 책을 많이 읽게 될 것이다. 좋은 습관을 가진 부모에게서 좋은 습관을 가진 아이가 나온다는 의미이다.

　그런 의미에서 보면 세상에 부모만큼 좋은 멘토가 없다. 아이들이 나름대로 각기 무한한 가능성과 잠재력, 재능을 가지고 있듯이 부모들도 아이를 잘 키워낼 수 있는 보석과 같은 방법을 가지고 있다. 그것은 부모가 얼마나 많이 배웠는가, 경제적인 여건은 어떠한가와는 전혀 상관이 없다. 자녀가 잘못되기를 바라는 부모가 어디 있겠는가? 자녀가 다 잘 되고 성공하기를 바랄 뿐이다. 이런 마음을 가지고 부모가 바로 서게 되면 얼마든지 아이들에게 좋은 멘토가 될 수 있다. 많은 부모들이 어떻게 아이에게 적합한 멘토를 찾아줄지에 대해 고심한다. 그러나 이보다 더 중요한 것은 먼저 부모가 아이에게 좋은 멘토가 되어 주는 것이다.

〈릭&딕〉이라는 감동적인 이야기가 있다. 아버지가 아들에게 보여준 가장 좋은 멘토의 모델을 보여주고 있는 이야기다. 아버지의 사랑이 얼마나 무한한지 그리고 얼마나 위대할 수 있는지를 보여주고 있는 감동적인 이야기가 아닐 수 없습니다. 아들이 태어날 때 탯줄이 목을 감아 가지고 식물인간으로 태어난다. 그런데 아무 것도 할 수 있는 식물인간인 아이의 유일한 소원이 있다면 달리는 것이었다. 달리고 싶다는 것, 철인 3종 경기에 나가고 싶다는 것이다. 그래서 아버지는 아들과 함께 하는 철인 3종 경기에 도전을 한다. 아들을 위해서 아버지는 세계 최강의 철인들 틈에서 아들이 탄 고무배를 허리에 묶고 3.9km의 바다를 수영을 하고, 그리고 자전거에 아들을 태우고 180.2km의 용암지대를 달리고, 또 아들이 탄 휠체어를 밀면서 42.195km를 완주하게 된다.

아버지는 지금까지 수영을 한 번도 해본 적이 없고 수영을 전혀 못하는 사람이다. 또한 태어나서 자전거를 한 번도 타 본적이 없는 사람이었다. 그런데 세상에서 가장 사랑하는 아들을 위해서 다니는 회사도 그만두고, 수영을 배우고, 자전거를 배우고, 철인 3종 경기에 도전한 것이다. 그리고 17시간 만에 완주하게 된다. 사랑하는 아들의 소원이기 때문에…… 아들의 소원을 들어주기 위해서…….

　65세의 아버지가 39살의 아들을 데리고 정상인도 하기 힘든 철인 3종 경기를 아무 것도 할 수 없는 식물인간인 아들을 태우고, 3.9km를 수영을 하고, 180.2km를 자전거를 타고, 42.195km를 휠체어를 밀고 달렸던 것이다. 철인 3종 경기를 완주하고 나서 아들이 "아버지가 없었다면 할 수 없었어요"라고 말할 때, 아버지는 "네가 없었다면 아버지는 하지도 않았다"고 말한다. 그러면서 아들이 "아버지는 나의 꿈을 실현시켜 주었습니다. 아버지는 내 날개 아래를 받쳐주는 바람입니다"라고 고백한다. 이렇게 부모가 자녀를 사랑하는 마음으로 이끌어 줄 때 자녀들은 그 사랑에 힘입어 자신의 내재된 능력 이상으로 성장할 수 있게 되는 것이다.

멘토 역할의 중요성

멘토가 빛을 발하는 것은 교육 분야에서도 마찬가지다.

자기 주도적 학습의 중요성이 커지면서 함께 적성을 찾아주고 올바른 방향을 제시해 주는 멘토의 역할이 더욱 중요해지고 있는 것이다. 멘토는 비단 학업적인 부분에만 국한되지 않고 인성적인 부분은 물론 내재된 능력을 끊임없이 자극하고 꺼내줌으로써 진정한 의미의 성장을 돕는다. 미래 사회를 좌우하는 것은 결국 '사람'이다. 우리 아이가 어떤 시기에 어떤 사람을 만나 어떠한 관계를 맺느냐는 어떤 멘토를 만나느냐에 따라 아이의 성공여부가 달려 있다는 얘기이다. 성공하는 아이를 보면 그의 삶의 중심에 자신의 잠재된 가치를 끊임없이 공감해 주고 삶의 목표가 바른 방향으로 가도록 이끌어 주는 좋은 멘토가 있다는 것이다.

우리가 멘토 시스템의 중요성에 대해서는 잘 알고 있지만 많은 부모들이 어떻게 하면 아이에게 적합한 멘토를 찾아줄 지에 대해 고민이 많다. 대기업 CEO와 석학 등 사회 각 분야 리더와 명문대 학생들의 성공 전략과 학습 경험을 기반으로 한 다양한 멘토링 프로그램이나 멘토링 캠프 등이 많이 생겨나서 이러한 부모들의 고민을 조금은 덜어주고 있는 것이 사실이다. 이러한 멘토링 캠프는 함께 하는 멘토들의 성격에 따라 특정 진로를 고민해 볼 수 있는 기회가 되기도 하고 학업을 위한 방법론을 배우는 자리가 되기도 한다. 의식으로 진행되는 기존의 자기 주도 학습 캠프와는 달리, 약 100여 명이 넘는 멘토들이 자신들의 경험을 바탕으로 학생 개개인에 맞춰 상담 형태로 진행하기 때문에 학생들이 자신에게 딱 맞는 멘토의 경험을 온전하게 흡수할 수 있다는 것이 멘토링 캠프의 가장 큰 차별점이다.

자기 주도 학습과 멘토라는 말은 언뜻 보면 '노선'이 달라 보인다. 자기 주도 학습은 말 그대로 스스로 공부하는 것이니 다른 사람의 도움 없이 혼자 모든 걸 수행해야 한다는 생각 때문일 것이다. 그러나 자기 주도 학습이라고 해서 그 누구의 도움도 받지 않는 독학을 의미하는 것은 아니다. 문제집이나 학원 선생님이 콕콕 집어주는 지식 알갱이도 필요하지만 그보다도 더 중요한 것은 아이에게 큰 목표를 설정해 주고 시행착오 없이 자신의 목표를 향해 나아갈 수 있는 바른 방향을 제대로 제시해 줄 수 있는 '조언자'의 유무에 따라 자기 주도 학습의 성패가 가려질 수 있기 때문이다.

한 마디로 멘토란 돛단배의 방향키라고 할 수 있다. 스케줄 관리에 익숙하지 못한 아이들은 목표를 설정하고 현실적인 스케줄을 짜주고 적절한 학습량을 정해 주고 관리해 주는 멘토의 세심한 도움이 절실히 필요하다. 그러나 멘토의 역할은 여기서 그치지 않는다. 자기 주도 학습을 성공적으로 잘 수행하기 위해서 무엇보다 중요한 것은 멘토가 동기를 부여해 주고 자신이 원하는 꿈을 이미 이룬 멘토는 아이에게 10년, 20년 후의 막연한 큰 그림을 손에 잡힐 듯이 현실화해 주는 인물이다. 성공한 멘토와의 교류를 통한 학습 동기 부여는 학생 스스로 공부의 필요성을 느끼게 함과 동시에 학업에 흥미를 높이고 그만큼 학업 성취도 역시 높일 수 있다.

멘토 품앗이

'멘토 품앗이'이라는 말이 있다. 근래에 와서 한 자녀 가족이 많은 요즘에는 멘토 품앗이도 일종의 트렌드처럼 번지고 있다. 친분이 있고 서로의 전문 분야를 인정하는 부모들끼리 각자의 자녀를 맞바꿔 일주일에 한두 번씩 함께 시간을 보내는 것이다. 가령 미술을 전공한 옆집 엄마와 함께 미술관이나 박물관 관람 등의 스케줄을 짜서 함께 다니며 설명을 듣게 하고 공학을 전공한 부모는 옆집 아이와 과학 도서를 함께 읽으며 궁금증을 해결해 주기도 한다. 이는 멘토링 캠프에 비해 더 장기적으로, 그리고 더 자주 진행할 수 있다는 장점이 있다.

가령 음악을 전공한 엄마 멘토는 음악 감독 박칼린처럼 되고 싶다는 지인의 중학생 딸의 멘토를 해 주기로 하면서, 박칼린에게 연락하는 방법, 박칼린을 만났을 때 보여줄 자료집을 만드는 방법, 그녀가 졸업한 캘리포니아 예술대학 등 미국 명문대 유학 시 가산점으로 작용할 수 있는 음악에 대한 식견을 담은 포트폴리오를 만드는 방법, 음악 감독을 최종 목표로 했을 때 밟아가야 할 수순 등에 대해 장기적인 지도를 해줄 수 있다.

이러한 멘토 품앗이의 효과는 비단 전공 분야에만 그치지 않는다. 사춘기 아이들은 정작 부모에게는 고민을 털어놓지 못하는 경향이 있어 부모를 서로 바꿔 소통의 창구 역할을 대신해 주는 것이다. 같은 맥락에서 이모나 고모 등 가까운 친지도 좋은 멘토 후보자다. 아이에 대한 애정은 부모 못지않게 크지만 아이에 대한 과한 욕심은 없기 때문에 좀 더 객관적이고 편안하게 아이를 돌봐줄 수 있다. 주변에 멘토를 해줄 만한 사람이 없다고 포기할 필요는 없다. 대면이나 편지 등의 방법에서 더 확대되어서 최근에는 동영상 공유, 트위터와 페이스북 등 SNS와 같이 다채로운 형태로 그 방법이 다양화되고 있다. 전기문, 인터뷰 기사 등을 통해서나 접할 수 있던 스티브 잡스, 빌 클린턴, 마이클 샌더 등의 연설을 한국 자막과 함께 실시간으로 볼 수 있는 TED는 억대의 유튜브 조회 수를 기록 중이다.

미국 비영리 재단인 TED는 각 분야의 저명인사들을 초빙해 18분의 제한 시간을 두고 널리 퍼져야 할 지식과 아이디어를 공유하는 프로그램으로, 짧은 강연 시간에도 참가비용은 우리 돈으로 700만 원에 이르러 웬만해선 접하기 어려웠던 것이 사실이다. 그러나 최근 휴대폰 애플리케이션 등으로 쉽게 접근할 수 있게 되면서 젊은 세대들은 본인이 의욕만 있다면 공간을 초월해 세계의 명사들을 좀 더 가깝게 멘토로 삼을 수 있게 됐다.

멘토(Mentor)와 멘티(Mentee)

멘토와 멘티의 대표적인 모델은 설리번 선생님과 헬렌 켈러이다.

보스턴의 한 보호소에 앤(Ann)이란 소녀가 있었다. 앤의 엄마는 죽었고 아빠는 알코올 중독자였다. 아빠로 인한 마음의 상처에다 보호소에 함께 온 동생마저 죽자 앤은 충격으로 미쳤고 실명까지 했다. 앤은 수시로 자살을 시도하고 괴성을 질렀다. 결국 앤은 회복 불능 판정을 받고 정신병동 지하 독방에 수용되었다. 모두 치료를 포기했을 때 노(老)간호사인 로라(Laura)가 앤을 돌보겠다고 자청했다. 로라는 치료보다는 그냥 앤과 친구가 되어주었다. 그래서 날마다 과자를 들고 가서 책을 읽어주고 기도해 주었다. 그렇게 한결같이 사랑을 쏟았지만 앤은 담벼락처럼 아무 말도 하지 않았고 그녀를 위해 가져다 준 특별한 음식도 먹지 않았다.

그러던 어느 날, 로라는 앤 앞에 놓아준 초콜릿 접시에서 초콜릿이 하나 없어진 것을 발견했다. 이에 용기를 얻은 로라는 계속 책을 읽어주고 기도해 주었다. 앤은 독방 창살을 통해 조금씩 반응을 보이며 가끔 정신이 돌아온 사람처럼 이야기했고 그 횟수도 많아졌다. 그렇게 2년이 지났고 마침내 앤은 정상인 판정을 받을 수 있었다. 그녀는 파킨스 시각장애아 학교에 입학했고 교회에 다니면서 신앙심으로 밝은 웃음을 찾았다. 그 후 그녀에게 사랑을 쏟았던 로라가 죽는 시련도 겪었지만 앤은 로라가 남겨준 희망을 볼 수 있는 마음의 눈으로 시련을 이겨내고 학교를 최우등생으로 졸업했고 한 신문사의 도움으로 개안 수술에도 성공했다.

어느 날, 앤은 한 신문기사를 보게 되었다. "보지 못하고, 듣지 못하고, 말하지 못하는 아이를 돌볼 사람 구함!" 앤은 그 아이에게 자신이 받은 사랑을 돌려주기로 결심했다. 사람들은 절대 못 가르친다고 했지만 앤은 말했다. "저는 하나님의 사랑을 확신해요." 그리고 결국 사랑으로 그 아이를 20세기 최대 기적의 주인공으로 키워냈다. 이 아이가 바로 헬렌 켈러이고, 그 선생님이 앤 설리번(Ann Sullivan)이다.

로라가 앤과 함께 있어 주고 고통을 공감하면서 그녀를 정상인으로 만들어낸 것처럼 앤도 48년 동안 헬렌과 함께 있어주었다. 헬렌이 하버드 대학에 다닐 때는 모든 수업에 함께 하면서 그녀의 손에 강의내용을 적어주었다. 헬렌은 말했다. "항상 사랑과 희망과 용기를 불어넣어 준 앤 설리번 선생님이 없었으면 저도 없었을 것입니다. 만약 제가 볼 수 있다면 가장 먼저 설리번 선생님을 보고 싶어요."

헬렌 켈러에 대해서는 많은 사람들이 잘 알고 있으나 그녀의 스승에 대해서는 잘 모른다. 앤 설리번은 늘 되풀이해서 다음과 같은 말을 했다고 한다.

시작하고 실패하는 것을 계속하라. 실패할 때마다 무엇인가 성취할 것이다. 네가 원하는 것을 성취하지 못할지라도 무엇인가 가치 있는 것을 얻게 되리라. 시작하고 실패하는 것을 계속하라.

1880년 미국에서 태어난 헬렌 켈러(1880~1968), 그녀는 세상에 태어난 지 9개월 만에 큰 병을 앓아 시력을 잃었고, 귀로는 들을 수 없게 되었으며 입으로는 말도 할 수 없는 '삼중고'의 가련한 장애인이 되었다. 그러나 그녀는 20세기의 기적이란 칭호까지 받는 놀랄 만한 인물이 되었다. 보지도 듣지도 말하지도 못하는 나무토막 같은 그녀를 전 세계를 놀라게 한 위대한 사람으로 만든 사람은 다름 아닌 그녀의 스승인 앤 설리번이다. 7세가 될 때까지 제멋대로 행동하던 헬렌 앞에 나타난 설리번 선생님은 사랑과 인내로써 어둠 속을 헤매던 헬렌에게 말과 글은 물론 인생의 참의 미를 깨우쳐 주었다. 헬렌을 가르칠 수 있는 방법은 감각기관뿐이었다. 그녀는 맨 처음 '물'이라는 말 한 마디를 배우는데 7년이란 긴 세월이 걸렸다. 이렇게 헬렌은 손가락으로 상징적인 터치를 통해 말하는 법을 배웠고 열심히 공부했다.

헬렌은 설리번 선생의 도움을 받으며 열심히 노력한 끝에 20세 때 하버드 대학에 입학했다. 그녀는 시련을 극복하는 불굴의 의지로 최고 학부를 졸업했고 희랍어, 라틴어, 불어 등에 통달하여 전 세계인들에게 큰 감동과 영감을 주었다. 특히 그녀는 장애인들에게 이렇게 말하며 큰 힘과 용기를 주었으며 그들을 위해 많은 일을 했다.

태양을 볼 수 있는 사람은 행복하고, 볼 수 없는 사람은 불행한 것이 아닙니다. 중요한 것은 마음입니다. 마음속에 빛을 갖는 일입니다. 힘과 용기를 가지세요.

헬렌 켈러는 자신의 불행에 꺾이지 않고 도리어 그것을 극복하여 많은 사람들을 위해 애쓰다가 1968년에 숨을 거두었다. ≪타임≫은 20세기의 위대한 100명의 인물에 '기적의 헬렌 켈러'라는 제목과 함께 헬렌 켈러를 포함시켰고 그의 인간 승리의 드라마를 소개하기도 했다. 다음은 그녀가 남긴 유명한 말이다.

만약 단 3일만이라도 눈을 뜰 수 있다면 첫째 날, 사랑하는 사람들의 모습과 아가들의 얼굴을 바라보겠습니다. 눈으로 책을 읽고, 숲속의 자연과 노을을 보겠습니다. 둘째 날, 밤이 낮으로 변하는 순

간을 보고 미술관, 극장이나 영화관에서 시간을 보내면 얼마나 행복하겠습니까? 셋째 날, 해 뜨는 풍경과 길가에 사람들이 오가는 모습을 보겠습니다. 빈민가, 공장, 아이들이 뛰노는 놀이터에도 가보겠습니다. 외국인이 사는 지역도 방문하겠습니다. 그것으로 외국여행을 대신 하겠지요. 볼 수 있다는 것은 가장 큰 축복이라는 것을 잊지 마세요.

이런 헬렌 켈러를 만든 훌륭한 멘토가 바로 설리번 선생님이었다는 사실이다. 이렇게 우리 아이들이 원대한 꿈을 꾸게 하고 후에 그 꿈을 실현해서 세상에 선한 영향력을 끼치는 위대한 아이로 키우려면 어렸을 때부터 좋은 멘토를 만나게 해 주는 것이 중요하다.

제10장

원대한 꿈을
꾸는 아이로
키워라

인생에 있어서 가장 중요한 밑거름이 되고 삶의 뿌리를 탄탄하게 내리는 시기가 10대 시절이라고 할 수 있다. 특별히 10대 시절에 꾸는 바른 꿈이 아이를 바른 길로 인도해 간다는 사실이다. 꿈의 크기가 삶의 크기를 결정한다는 사실을 아는가? 꿈의 크기가 인생의 크기를 결정한다. 우리 아이의 미래가 현재보다 나아지기를 바란다면 아이로 하여금 큰 꿈을 꾸도록 해야 한다. 왜냐하면 꿈의 크기가 인생의 크기를 결정하기 때문이다. 꿈은 머릿속에 있을 때는 단지 꿈일 뿐이지만 매일 생각하고 되뇌면 그것이 의지가 되고 그 의지에 적극적이고 열정적인 실천이 더해지면 비로소 꿈은 눈앞의 현실이 되는 것이다.

아이가 적어도 중학교 시절에 자신의 꿈과 미래에 대한 구체적인 밑그림을 그리도록 도와주라. 왜냐하면 모든 성공은 10대에 결정되기 때문이다. 이때 자신의 꿈과 비전을 확실히 세우지 못한 아이는 20대에 혼돈과 방황의 나날을 보내게 되고, 어느덧 사회의 핵심적인 역할을 해야 하는 30대에 접어들어서도 자신의 삶과 일에 자신감을 가지지 못하게 된다.

요즘 아이들의 일상을 보면 학원으로, 학교로 매일 다람쥐 쳇바퀴 돌듯이 똑같은 생활을 반복적으로 보내면서 자신의 의지와는 상관없이 엄마 아빠의 기준과 선택에 따라가는 로봇과 같은 생활을 하고 있는 것이 사실이다. 중요한 것은 아이 스스로가 가슴 뛰는 자신만의 꿈을 꾸게 하고 그 꿈을 이루기 위해서 스스로 비전을 세우게 하고 더불어 사력을 다해서 그것을 이루기 위해 노력하도록 동기를 부여해 주는 것이 무엇보다 중요하다.

막연하게 어렴풋이 꾸는 꿈이 아니라 그리고 막연한 소망을 가지고 이루어도 좋고 그렇지 못해도 그만인 가치 없는 꿈이 아니라 구체적이고도 분명한 꿈을 꾸도록 동기를 부여해 주고, 용기를 북돋아 주며 끊임없이 무언가에 도전하는 아이로 키우지 못하면 우리 아이들은 10년 20년 후에는 변화하는 세상에서 도도새처럼 결코 살아남지 못할 것이다.

도도새의 법칙

　루이스 캐럴의 『이상한 나라의 앨리스』를 보면 도도새 이야기가 나온다. 도도새는 인도양의 작은 섬인 모리셔스에 살고 있었는데 그곳에는 천적도 없고 먹이가 사방에 널려 있어 먹을 것을 특별히 구하려고 힘쓸 필요도 없고 애쓸 이유도 없었을 뿐만 아니라 특별한 노력 없이도 살아가는데 걱정이 없는 더없는 지상낙원이었다. 그래서 결국 도도새는 천혜의 자연환경으로 인해 새로서 나는 것을 잃어버렸다. 몸집은 커졌고 날개는 자연히 퇴화되어 버린 것이다. 포르투갈 선원이 처음 이 섬에 왔을 때 낯선 사람들을 보고도 날아오를 생각조차 하지 않았다고 하여 도도새에게 '바보 멍청이'라는 별명을 붙여줬다고 한다. 그저 먹고 놀고 즐기던 도도새는 사람의 발길이 잦아지고 다른 동물들이 유입되자 결국 멸종되고 말았다.

　마찬가지로 우리 아이들도 하루가 다르게 변화하는 세상에서 도도새처럼 도전과 시련 없이 게으르고 주어진 환경 속에서 그저 편하게 살려고만 하고 꿈과 비전이 없이 그리고 자기 발전을 위한 노력이나 자기 계발을 하지 않으면 결국에는 모든 걸 잃어버리고 만다는 것을 "도도새의 법칙"이라고 한다.

꿈이 없고 비전이 없는 인생의 끝이 어떠한지를 보여주고 있는 의미 있는 이야기가 아닐 수 없다. 어느 누구도 가기 싫어하는 척박한 광야와 같은 곳에 길을 내고 사막과 같은 곳에 강을 내기 위해서 시련을 두려워하지 않고 도전하는 개척정신을 어려서부터 길어줄 필요가 있다. 사람들은 누구나 세상 가운데 선한 영향력을 끼치면서 별과 같이 빛나는 삶과 뚜렷한 인생의 흔적을 남기기를 원하면서 원대한 꿈을 꾸지만 세상에는 성공한 사람이 그리 많지 않다. 그것은 어렸을 때부터 원대한 꿈과 비전을 가지고 그것을 이루기 위해 얼마나 집중력을 가지고 사력을 다해 노력을 했느냐 그렇지 않느냐의 차이일 뿐이다.

하나같이 성공한 사람들을 보면 그들이 처한 환경이 아무리 어려울지라도 결코 좌절하거나 포기하지 않는 오기와 근성을 가지고 그것을 극복한 자들이다. 그리고 소위 우리가 성공한 인생을 살았다고 말하는 위인들을 보면 하나같이 10대에 꿈과 비전을 세우고 자기 미래에 대한 인생의 밑그림을 뚜렷하게 그렸다는 사실이다. 아인슈타인, 링컨, 빌 게이츠, 손정의, 박지성 등 뛰어난 인물들이 10대에 자신의 꿈과 비전을 구체적으로 세우고 목숨 걸고 최선을 다했다는 것이다.

10대에 50년의 인생계획을 세워라

소프트뱅크의 CEO인 손정의는 10대 시절부터 스스로 목표를 정하고 그 목표를 이루기 위해서 노력하고 인내하는 사람이었다. 그는 명문 고등학교에 진학하고 싶었지만 성적이 턱없이 부족했고 학원에서도 성적이 부족하다면서 아예 등록을 시켜주지 않았다. 학원을 다니고 싶었던 손정의는 급기야 전교에서 1등하는 친구의 어머니를 찾아가 학원 관계자에게 추천을 좀 해달라고 끈질기게 그리고 집요하게 부탁을 하자 친구 어머니는 직접 학원을 찾아가 손정의가 학원에 등록할 수 있도록 도와주었고 학원을 다니게 된 손정의는 결국 자신이 원하던 구루메 부설 고등학교에 입학하게 된다.

고등학교 시절 손정의는 미국에 수학여행을 갔다가 버클리 대학의 자유분방함에 푹 빠지게 되고 일본에 돌아온 그는 아버지를 설득해 미국 유학을 떠났고 끝내 버클리 대학에 입학했다. 손정의는 10대 시절 이미 50년 인생계획을 세웠다.

20대에는 사업을 시작하고, 30대에는 1,000억 엔의 사업자금을

번다. 40대에는 1조엔 규모로 투자를 하고, 50대에는 수확을 거둬들이며, 60대에는 후계자를 세우겠다.

이렇듯 손정의는 스스로 목표를 세우고 그것을 이루는 과정에서 자신의 능력을 꾸준히 발전시켰다. 특별히 그는 속도에 대한 집착이 대단했다. 1995년에는 소프트뱅크가 투자한 회사가 8개에 불과했지만 1999년엔 124개가 되었고 2003년에는 800개에 이르렀다. 그가 얼마나 속도에 집착하는지를 알 수 있다. 손정의는 무엇인가를 결정하기 전까지는 장시간 심사숙고하는 대신 무엇인가를 결정하고 나면 뒤돌아보지 않고 전속력을 향해 앞으로 달려가는 사람이었다.

손정의는 시대의 변화와 주변 환경을 읽어내는 데 동물적인 감각을 지닌 사람이다. 그가 얼마나 변화를 중요하게 생각하는지 좋은 일화가 있다. 일반적으로 사람들은 정원을 꾸밀 때 비용과 공간의 문제로 연못을 만든다. 그런데 손정의는 연못이 아니라 시냇물을 고집했다. 연못은 고여 있어 금방 썩지만 시냇물은 흐르기 때문에 항상 맑다는 것이 그의 생각이었다. 그는 사업도 연못처럼 멈춰 서서는 안 되고 시냇물처럼 흐르며 변화해야 한다는 신념을 가지고 있었다.

손정의는 인텔에서 마이크로프로세서를 개발했다는 기사를 보는 순간 눈물을 흘렸다고 한다. 왜냐하면 이제 새로운 세상이 열린다고 생각했기 때문이다. 그리고 그는 미래에 무엇을 해야 할지 결정했다. 버클리대학교에 입학한 손정의는 컴퓨터를 본격적으로 연구하기 시작했고 그는 컴퓨터 실습실에 들어가서는 하루 종일 컴퓨터에 열중했다. 컴퓨터 옆에 침낭을 준비해서는 숙식까지 컴퓨터 실습실에서 해결했고 컴퓨터에 자신의 모든 열정을 다했다.

그러던 어느 날 컴퓨터를 이용해 사업계획을 정리하던 중 한 가지 기막힌 아이디어가 떠올랐다. 그리고 조금도 지체 없이 아이디어를 실현하기 위해 작업에 착수했는데 그것이 바로 음성 자동인식 번역기술이었다. 손정의가 만든 음성 자동인식 번역기술은 나중에 샤프전자 IQ3000에 구현돼 큰 성공을 거뒀다. 또한 손정의는 적을 만들지 않는 사람이다. 사실 그가 일하고 있는 분야를 보면 상생의 정신이 중요한 분야다. 손정의는 성공이 다른 사람을 행복하게 하는데 있다고 말할 정도로 상생을 중요하게 여겼다.

이렇듯 성공한 사람들의 성공 사례를 보면, 어렸을 때 특별히 10대에 어떤 선택과 결정을 내렸고 그것을 이루기 위해 어떤 열정을 가지고 자신의 목표를 실행해 나갔는지를 알 수 있게 된다. 인생은 끊임없는 선택의 문제에 직면해 있고 더 발전적이고 합리적인 결정을 내리려는 일련의 노력과 과정을 통해 변화하고 성장하게 되어 있다.

공부의 정도(正道)

　공부에 왕도가 있는가? 공부를 잘 하는 무슨 비법이라도 있는 것일까? 공부는 단순한 기술의 문제가 아니다. 성공한 사람들의 공부비법이 공부의 왕도라고 생각할 수 있겠지만 결코 그렇지 않다. 다양한 비법 속에 나에게 맞는 공부법이 무엇인지를 빨리 찾는 것이 성공의 지름길이요 공부를 잘 할 수 있는 비법이다. 사회적으로 성공한 사람들을 보면 뭔가 다르고, 더 낫고, 더 특별하다는 것이다. 그렇다면 그들이 어떠했길래 성공을 이룬 것인가? 여기서 성공의 의미는 바른 인격과 탁월한 실력을 가지고 세상 가운데 선한 영향력을 끼치는 것을 의미한다.

　성공을 이룬 사람들은 어렸을 때부터 인생의 분명한 목표가 있었다는 것이다. 그리고 그 목표를 이루기 위해 나름대로의 큰 꿈과 비전을 세우고 자신의 모델을 정하고 최선을 다해 성실하게 실력을 쌓고 다양한 경험을 통해 목표를 이룬 사람들이다. 공부를 잘해 성공하기를 바라는 마음은 모든 부모들의 공통된 마음이다. 그렇다면 공부 잘하는 아이로 키우려면 부모로서 무엇을 어떻게 해야 하는가? 여기서 부모가 해야 할 가장 중요한 일은 무엇보다도 아이들이 스스로 공부할 수 있는 능력을 키워 주는 일이다. 즉 스스로 공부할 수 있는 자기 주도적 학습을 할 수 있도록 어려서부터 공부습관을 길러주어야 한다.

스스로 목표를 세우고 계획하게 하고 계획한 것은 반드시 행하도록 하는 좋은 공부습관을 길러 주라는 것이다. 그러나 우리 부모들은 밥상을 다 차려놓고 아이들은 차려진 밥상에 앉아서 단지 먹는 일에만 집중하게 하는 것이 문제이다. 공부하라는 잔소리를 하지 않아도 필요할 때면 알아서 교과서를 펼치는 아이, 자신의 꿈을 소중하게 생각하고 지키기 위해 노력하는 아이, 언제나 행복한 웃음을 터뜨릴 준비가 되어 있는 아이로 키우기를 원하는가? 어렸을 때부터 마음껏 놀게 하면서 다양한 경험을 하게 하고 폭넓은 독서를 통해 삶의 모델을 정하게 하고 참된 가치를 발견하게 하고 그 가치 위에 자신의 꿈과 비전을 세워나가도록 하는 것이 중요하다.

정말 우리 아이들이 공부를 잘하기를 바란다면 자녀가 스스로 다양한 경험을 통해 내가 왜 공부를 열심히 해야 하는지, 무엇을 위해 내 인생을 의미 있게 살아야 하는지를 스스로 깨달을 수 있도록 조언해 주고 바른 방향으로 이끌어 주고 환경을 만들어 주어야 하는 것이 부모의 몫이요 역할인 것이다.

그런 의미에서 공부에는 왕도가 없다. 정도(正道)만 있을 뿐이다. 혹 있다면 오직 한 가지, 아이들이 인생의 바른 목표를 정하고 그 목표를 이루기 위해 모델을 정하고 비전을 세우고 스스로 공부하게 하는 습관을 갖는 것, 이것이 유일한 공부의 왕도라고 할 수 있다. 사회적으로 성공한 사람들의 공부습관의 공통점은 자기 주도적으로 학습을 했다는 사실이다. 그러므로 자녀들이 스스로 해야 할 모든 것을 부모들이 다 챙겨주면서 공부만 하라고 한다면 의존적인 사람이 되어서 결국 자기 주도적 학습을 하지 못하게 하는 큰 장애가 되고 말 것이다.

이렇게 되면 아이들은 모든 것을 부모에게 의존하게 되고 그런 의존적인 태도는 결국 아이들을 인생의 좌절로 이끌어 가게 될 것이다. 그러므로 부모들은 아이들이 스스로 공부할 수 있도록 스스로 생각하게 하고 스스로 실패를 경험하면서 나름대로의 전략을 터득해서 목표를 행해 나아갈 수 있도록 버팀목의 역할을 해 주면 되는 것이다.

자신만의 스펙 만들기

요즘 이슈가 되고 있는 입학사정관제가 있다. 입학사정관제는 대입 전형의 선진화를 위한 제도이다. 입학사정관을 통해 내신 성적과 수능점수만으로 평가할 수 없었던 잠재능력과 소질, 가능성 등을 다각적으로 평가하고 판단하여 각 대학의 인재상이나 모집단위 특성에 맞는 신입생을 선발하는 제도이다.

21세기가 요구하는 우수한 인재는 단순 교과 점수가 아닌 개인의 소질과 적성, 가능성으로 평가 받아야 한다. 대학이 점수 위주의 선발방식에 치중하지 않고 문제해결 능력, 창의력, 리더십, 봉사정신 등 다양한 능력을 갖춘 학생을 선발함으로써 공교육의 질이 향상된다. 입학사정관제는 내신 성적과 수능 점수만을 위한 주입식 교육에서 벗어나 학생의 가능성과 역량을 키우기 위한 교육을 함으로써 공교육 정상화에 기여하는 제도라 할 수 있다.

세계 최고 명문대학 학생들은 어떻게 공부할까? 그들은 어떻게 자신의 인생을 개척해 나갈까? 공부에 목숨 걸어야 하는 우리나라 학생과 학부모라면 누구나 궁금해 할 질문이다. 중요한 것은 우리나라 교육이 주입식 서열화 교육에서 벗어나지 않으면 결코 훌륭한 인재를 양성해 내기가 어려운 시대가 되었다는 사실이다.

먼저 우리 아이들이 어렸을 때부터 자신의 꿈이 무엇인지 고민하게 하고, 그 꿈을 이루기 위해서 자신의 모든 힘과 에너지를 쏟아 붓는 열정을 갖게 하는 것이 중요하다. 요즘 일류대학을 졸업한다고 무조건 취업이 잘되는 것도 아니다. 세계적인 금융 위기는 세계 일류대학 졸업생들에게도 예외는 아니다. 그렇지만 우리 아이들에게는 취업문을 뚫기 위한 의미 없는 '스펙 쌓기' 싸움을 반복하거나 동료 학생보다 성적을 잘 받아야 한다는 강박감에 사로잡혀 사는 것이 아니라 어제보다 오늘이, 오늘보다 내일이 더 나은 자신으로 만들어 가는 과정이 필요하다

그러기 위해서는 우리 아이들에게 더 크고 넓은 곳으로 눈을 돌릴 수 있도록 기회를 제공해 주어야 할 것이다. 가능하면 10대 시절에 외국학교를 탐방하도록 한다든지, 우리나라보다 못사는 나라를 여행하도록 한다든지 그래서 우물 안의 개구리가 아니라 글로벌 시대에 넓은 세계를 제대로 바라볼 수 있도록 다양한 경험을 하게 하는 것이 무엇보다 중요하다. 그래서 정말 가치 있고 의미 있는 일에는 성적과 상관없이 올인 할 수 있는 도전정신을 키워주어야 한다.

아이들의 꿈과 비전을 크게 하는 방법은 다양하다. 폭넓은 독서를 하고 비판적인 사고를 가지고 창의적이고 생산적인 토론에

참여하게 하고 TV만화나 영화, 공연을 통해서 지적 호기심을 불러일으키게 하는 것도 중요하겠다. 또한 아이들로 하여금 자신의 생각이 남들과 다르거나 혹은 틀리는 것에 대한 두려움이 없도록 차이를 인정하고 다름을 수용할 줄 아는 넓은 마음도 심어줄 필요가 있다.

우리나라 교육의 가장 큰 분기점인 대학입시는 모든 교육 커리큘럼의 성격을 규정한다고 해도 과언이 아니다. 요즘 가장 뜨거운 감자로 떠오른 입학사정관제는 그래서 더 많은 논란을 낳고 있다. 입학사정관제에서 중요한 것은 무엇보다도 꾸준히 자신만의 브랜드를 만들어 가는 것이다. 단순히 스펙을 한 장 더 채우는 것은 의미가 없다. 단 몇 줄이라도 그것이 자신의 관심사와 열정, 역량을 보여줄 수 있다면 의미가 있다. 실제로 하버드 대학에서는 수많은 수상경력보다 "시각장애인 아버지가 깜깜한 밤에 읽어준 점자책에서 자신의 꿈을 발견했다"는 내용의 에세이가 높은 점수를 받는 경우가 있다. 아버지의 장애에 대해 당당하게 말할 수 있고 그런 아버지를 존경하며 자신의 가능성을 이야기한 학생이라면 나중에 사회에 더 쓸모 있고 큰일을 할 수 있을 것이라고 판단했던 것이다.

이렇게 대학은 완성된 사람을 찾는 것이 아니라 앞으로의 가능성이 큰 사람을 찾기 때문에 결과물에 집착하지 않는 것이 좋다.

물론 학과 공부도 충실히 해야 한다. 왜냐하면 학과성적이 절대적인 것은 아니지만 기본적인 지식 습득 능력을 평가하는 주요한 기준이기 때문이다. 이 외에 리더십이 강조되는 활동이나 환경문제, 평화문제 등 다양한 방면으로 관심을 갖는 것이 좋다. 유행에 따르기보다 아이가 정말 관심 있는 분야에서 활동해야 재미도 느낄 수 있고 나중에 자신만의 브랜드를 만드는 데 더 유리하다. 만약에 입학사정관제를 준비하는 자녀가 있다면 일단 아이의 관심사가 무엇인지를 찾게 하고 그것을 즐기도록 하는 것이 좋다. 가능한 많은 경시대회에 참가하도록 하라. 경시대회는 자신의 진짜 실력을 알 수 있을 뿐만 아니라 객관적으로 평가할 수 있는 좋은 무대가 되기 때문이다. 그리고 아이의 공부 진행 사항을 '학습일지'를 통해 관리하라. 일기처럼 적은 '학습일지'는 다른 학과목을 관리하는 데도 큰 도움이 된다. 학교공부는 큰 흐름 속에서 계속 이어진다. 부모가 할 수 있는 역할은 아이가 그 흐름에 따라 자연스럽게 다음 단계로 진입할 수 있도록 돕는 것이 중요하다.

특히 아이가 공부를 효과적으로 하게 하려면 '학습계획'을 짜서 하게 하라. 학습계획을 짤 때도 장기적인 계획보다 세부적인 계획을 더 치밀하게 짜도록 하는 것이 중요하다. 예를 들면 주일 오후에 일주일 동안의 큰 계획을 짜고, 다음 날 학습 계획은 전날 밤에 세우게 하는 것이다. 왜냐하면 계획은 세우는 것이 아니라 실

천하는 것이 목적이기 때문이다. 또한 학습계획은 아이 자신에게
가장 잘 맞는 방법을 선택하는 것이 좋다. 구체적인 계획을 세울
때는 시간을 배분한 뒤, 그 시간 동안 공부할 분량을 정하도록
하라. 무조건 같은 시간과 페이지를 배분해놓으면 유동성이 떨어
져서 오히려 실천하기 힘들고 한 번 계획이 흐트러지면 심리적으
로 불안해지기 때문이다.

오기와 끈기

아이에게 강한 의지와 오기 그리고 끈기를 심어 주어야 한다. 요즘 아이들은 육체적으로나 정신적으로 너무나 약하다. 이런 아이들은 조금만 힘들고 어렵거나 고통스러운 상황을 만나게 되면 쉽게 좌절하거나 포기할 가능성이 높다. 그러므로 어렸을 때부터 강한 의지를 키울 수 있는 다양한 경험을 할 수 있도록 기회를 제공해 줄 필요가 있다. 『공부9단 오기10단』과 『스무살 청춘! A+보다 꿈에 미쳐라』의 저자 박원희는 오기와 끈기와 열정으로 자신이 꾸고 있는 꿈을 하나씩 이루어가고 있다. 그녀의 인생모토는 늘 최고의 목표였다.

나는 천재가 아니다. 단지 목표를 최고로 잡지 않은 적이 한 번도 없었을 뿐이다.

박원희는 1986년에 태어나 대전의 중학교를 졸업한 뒤 민족사관고등학교에 들어갔다. 그리고 2004년 2월, 민사고를 2년 만에 수석으로 조기졸업하고 곧이어 미국의 명문대학 10곳(하버드대,

프린스턴대, 스탠퍼드대, 코넬대, UC 버클리대, 존스 홉킨스대, 듀크대, 미시건 주립대, 워싱턴대, 노스웨스턴대)에 동시에 합격하면서 주목을 받았다.

박원희는 SAT 1600점 만점에 1560점을 받았다. 그녀는 미국 명문대학 10곳 가운데 최종 하버드대를 선택했다. 사람들은 박원희가 이루어낸 성과를 보고 그녀가 대단한 천재일 거라 생각한다. 하지만 그녀는 중학교 시절, 한때 수학을 못하는 아이라는 소리를 들으면서 공부를 했다. 그리고 민족사관고등학교 때는 '꼴찌 3인방'에 낀 적도 있었다. 그러나 그녀는 단 한 번도 자신의 목표를 최고로 잡지 않은 적이 없었다. "내가 비록 지금은 꼴찌 3인방에 끼어 있지만 나는 내 목표를 위해 목숨 걸고 최선을 다한다"는, 한 마디로 오기와 열정이 그녀의 오늘을 만들어낸 것이다.

박원희는 얼핏 보면 공부벌레이지만 알고 보면 그녀 역시 끼가 철철 넘치는 친구였다. 공부만 아니었으면 지금쯤 가수가 되었을지도 모른다고 그녀는 말한다. 학교 다닐 때 밴드그룹의 보컬로 활동하는 걸 심각하게 고려해본 적이 있으나 공부를 위해 참았다고 한다. 단지 공부하다 스트레스가 쌓이면 하이드로 돌변하는 지킬박사처럼 가끔 기숙사 방의 불을 끄고 룸메이트와 춤추고 노래하는 것으로 한을 풀었다는 것이다.

그녀의 꿈은 생물학을 전공하여 불치병 치료제나 신약을 개발해서 조금이라도 덜 아픈 세상을 만드는 데 이바지하는 것이다. 꿈도 참 기품이 있어 보인다. 자신의 부귀영화를 위해 꾸는 꿈이 아니고 신이 자신에게 주신 재능을 자신의 영달만을 위해 사용하는 것이 아니라 인류의 발전을 위해서, 타인을 위해서 이바지하겠다는 삶의 목표가 참으로 멋져 보이기만 하다. 그리고 이제 그 소중한 꿈을 위해 한발 한발 내딛어 가고 있다. 그녀는 사교육 없이 하버드에 당당히 합격한 인물이다. 그녀의 진짜 공부의 비법은 특별하지 않다. 단지 성적보다 꿈에 미쳐라고 말한다. 그녀는 지금도 성적에 연연하지 않고 자신의 꿈을 이루기 위해 오기와 끈기로 소중한 가치를 찾아 지금도 열정을 불태우고 있다. 이렇게 성공한 사람들은 오기와 끈기 열정만 있었던 것이 아니다. 그들의 공통점은 하나같이 10대부터 인생의 분명한 목표가 있었다는 점이다. 성공한 자신의 미래의 모습을 구체적으로 상상하면서 공부했다는 사실이다.

'피그말리온 효과'라는 말이 있다. 피그말리온 효과는 무언가에 대한 사람의 믿음, 기대, 예측이 실제적으로 일어나는 경향을 말한다. 1964년 미국의 교육심리학자 로버트 로젠탈에 의해 실험되었다. 원래는 그 전년에 로젠탈과 포드가 대학에서 심리학 실험으로 학생들에 쥐를 통한 미로 찾기 실험을 시켰다. 그 결과 쥐가 미로를 잘 빠져나오는 그룹과 그렇지 못한 그룹, 두 그룹간의 실험결과의 차이를 찾을 수 있었다. 전자는 학생들이 쥐에게 정성을 다해 키운 반면, 후자는 쥐를 소홀히 취급했다. 이는 쥐에 거는 기대도에 따라 결과가 달라진다고 로젠탈은 생각했다. 이를 토대로 볼 때 "교사와 학생도 이와 같지 않을까" 하고 생각하게 되었다. 교육현장에서의 실험은 1964년 봄, 샌프란시스코의 초등학교에서 하버드식 돌발성 학습능력예측 테스트라는 보통의 지능 테스트를 했다. 학급 담임에게는 앞으로 수개월 간에 성적이 오르는 학생을 산출하기 위한 조사라고 설명했다.

그러나 실제 조사에는 아무런 의미가 없었고, 실험시행자는 조사의 결과와 관계없이 무작위로 뽑은 아동의 명부를 학생 담임에게 보여주고, 명부에 기재된 아동이 앞으로 수개월 간에 성적이 향상될 학생이라고 알려주었다. 그 후 학급 담임은 아이들의 성적이 향상될 것이라는 기대를 품었고 확실히 그 아이들의 성적은 향상되었다. 학급 담임이 아이들에 한 기대가 성적 향상의 원인이었다고 생각할 수 있다. 게다가 아이들도 기대를 의식했기 때문에 성적이 향상된 것이라고 생각할 수 있다.

피그말리온이라는 명칭은 그리스 신화 속의 피그말리온 왕에서 유래되었다. 피그말리온 왕은 자신이 만든 조각상을 진심으로 사랑하게 되었고, 이를 지켜본 미의 여신 아프로디테가 그의 소원을 들어주어 조각상을 인간으로 만들었다는 이야기이다. 이렇게 우리 아이들이 10년, 20년 후 성공한 자신의 미래의 모습을 상상해보면서 크게 그러나 구체적으로 미래를 꿈꾸는 아이로 키워야 할 것이다. 성공한 사람들은 대부분 어렸을 때부터 5년 혹은 10년 간격을 두고 무엇을 어떻게 할 것인지 목표를 세워 놓고 꿈을 꾸는 사람들이었다. 우리 아이들의 인생의 최종의 목표가 결코 일류대학이 되어서는 안 된다. 대학은 하나의 과정으로서 작은 꿈이다. 어느 대학에 갈 것인지는 디테일한 구체적인 꿈이어야지 인생의 최종 목표가 되어서는 안 된다. 이렇듯 큰 꿈은 인생 전반을 아우르는 삶의 모습을 보여 주는 것이다. 이런 큰 꿈은 어릴 때부터 갖게 하는 것이 중요하다. 왜냐하면 꿈이 있는 아이와 꿈이 없는 아이는 노력하는 자세부터 다르기 때문이다.

또한 어렸을 때 집중력이 부족하거나 자신감이 부족한 아이는 등산을 통해서 이를 회복할 수 있다. 산 정상에 올랐을 때의 쾌감을 아이가 맛보도록 하고 정상에 오르기 위해 다리도 아프고 힘든 과정을 거쳐야 된다는 것을 느끼게 하라. 만일 앞서가는 일행에 뒤처져서 한참 놀기만 한다면 나중에는 그들을 따라가기 힘들다는 것도 산에 오르면서 알게 된다. 공부도 이와 마찬가지라는 것을 스스로 깨닫게 될 것이다. 뿐만 아니라 소극적인 아이를 적극적인 아이로 바꾸고 담력을 키우는 데는 가족이 함께 등산을 하는 것이 최고라고 생각한다. 저학년 때는 온 가족이 함께 가지만 고학년일 경우 딸은 어머니와 둘이서, 아들은 아버지와 둘이서 산을 오르는 게 좋다. 그 시간 동안 아이와 많은 대화를 한다면 아이가 고학년이 되어도 아버지나 어머니와 여러 문제에 대해서 충분히 의견을 나눌 수 있게 된다. 꼭 등산이 아니어도 된다. 기차 여행도 좋다. 아이와 대화할 수 있는 시간을 만드는 것이 중요하기 때문이다.

아이에게 다양한 세상을 만나게 해 주게 되면 아이는 창의력이 풍부해질 뿐만 아니라 정서적으로도 안정이 될 것이다. 예를 들어 자연의 생명력에 푹 빠져들게 할 수 있는 생태체험이라든지, 과학체험을 통해 논리력과 사고력을 증진시켜 준다든지, 꿈꾸고 있는 비전을 더욱더 빛나게 해 줄 수 있는 감성체험이라든지, 그리고 문화체험, 역사의식을 고취시킬 수 있는 역사기행이라든지, 이렇게 부모가 생각을 조금만 넓히게 되면 얼마든지 내 아이를 행복한 아이로 키울 수 있다는 것이다. 특별히 꿈이 없다고 말하는 아이에게 부모가 아이의 꿈을 찾아 주는 방법은 먼저 조급함을 버리고 아이가 자신의 능력이 무엇인지, 그리고 어떤 분야에 무엇을 잘 할 수 있는지를 알게 하고 자신감을 심어주는 것이 중요하다.